# Geronimo Stilton

Testi di Geronimo Stilton
Coordinamento editoriale di Patrizia Puricelli,
con la collaborazione di Maria Ballarotti

Illustrazione di copertina di Andrea Da Rold (matita)
e Andrea Cavallini (colore)
Art Director: Iacopo Bruno
Graphic Designer: Andrea Cavallini / *the*World*of*DOT

Illustrazioni interne: Archivio Piemme
Redazione e grafica: Studio Noesis

Da un'idea di Elisabetta Dami

**www.geronimostilton.com**

Le barzellette sono tratte da:
*Il Barzellettone*
© 2005 - EDIZIONI PIEMME S.p.A.
*1000 barzellette irresistibili*
© 2003 - EDIZIONI PIEMME S.p.A.
*1000 barzellette stratopiche*
© 2004 - EDIZIONI PIEMME S.p.A.
*Berzellette Super-Top-Compilation 1*
© 2004 - EDIZIONI PIEMME S.p.A.

Nuova edizione *Le più belle barzellette per ogni stagione*
© 2016 - EDIZIONI PIEMME S.p.A. - info@edizpiemme.it

International rights © Atlantyca S.p.A.
Via Leopardi, 8 - 20123 Milano - Italy
www.atlantyca.com - contact: foreignrights@atlantyca.it

*Stilton è il nome di un famoso formaggio prodotto in Inghilterra dalla fine del 17° secolo. Il nome Stilton è un marchio registrato. Stilton è il formaggio preferito da Geronimo Stilton. Per maggiori informazioni sul formaggio Stilton visitate il sito www.stiltoncheese.com*

È assolutamente vietata la riproduzione totale o parziale di questo libro, così come l'inserimento in circuiti informatici, la trasmissione sotto qualsiasi forma e con qualunque mezzo elettronico, meccanico, attraverso fotocopie, registrazione o altri metodi, senza il permesso scritto dei titolari del copyright.

Anno 2016 - 2017 - 2018     Edizione 1 2 3 4 5 6 7 8 9 10
Stampato presso ELCOGRAF S.p.A. - Stabilimento di Cles (TN)

# Geronimo Stilton

# Le più belle barzellette per ogni stagione

PIEMME

# PRIMAVERA

## PRIMAVERA

## PICNIC

Una famiglia di tartarughe decide di fare un picnic primaverile.
Cammina, cammina, cammina, dopo due mesi arrivano tutti sul prato.
Stanno per iniziare a mangiare, quando si accorgono di aver dimenticato i tovaglioli.
– Torno io a prenderli, ma non mangiate finché non arrivo! – dice il piccolo tartarughino.
Passano quattro mesi... cinque mesi... sei mesi... ma il piccolo tartarughino ancora non è di ritorno.
Per lenire la fame, papà tartarugo assaggia un pezzetto di pizza, quando da un cespuglio salta fuori il tartarughino, dicendo: – E no... *se fate così non vado a prendere i tovaglioli!*

## VENEZIA

I signori Rossi si godono una vacanza primaverile a Venezia.
Mentre attraversano il Canal Grande su una tipica gondola, la moglie si gira verso il marito e gli domanda: – A proposito, prima di partire *hai chiuso i rubinetti dell'acqua?*

## MODELLO GIUSTO

Una signora entra in un negozio di scarpe. Prova almeno cento modelli diversi: stivali, sandali, mocassini... ma li trova tutti scomodi. Alla fine infila un paio di scarpe e grida: – Ecco, queste sì che mi vanno bene!
Il commesso borbotta: – Ci credo! *Sono le scarpe con cui è entrata in negozio...*

## UEILÀ

Due amici d'infanzia si incontrano per caso dopo tanti anni nel parco di una grande città. È una bella giornata di primavera, così iniziano a chiacchierare.
– Ueilà, come ti va?
– Benissimo! E a te come va? Lavori ancora per la televisione?
– Ah, certo. Ancora cinque rate e poi... *ho finito di pagarla*!!!

## BUCATO

È una bella mattina di primavera e due signore fanno due chiacchiere mentre vanno al mercato.
– Giovanna, perché quando stendi il bucato chiami sempre tuo marito?
– Perché fa il pugile: *stende* sempre tutti!

## RADICI... UN PO' STRANE!

Qual è il colmo per un professore di matematica in primavera?
Scavare in un campo per estrarre *le radici quadrate*!

## UOVA FRESCHE

È il primo giorno di primavera e moglie e marito decidono di fare una gita in campagna.
A un certo punto vedono davanti a un casolare un cartello con la scritta 'Si vendono uova'. Scendono dall'auto e chiedono al contadino: – Sono di giornata, le uova?
– Naturalmente! – risponde l'uomo. – *di notte dormono le galline*!

PRIMAVERA

## GERANI

È una bella domenica mattina di primavera. In un grande vivaio un cliente protesta con un commesso:
– I gerani che mi ha venduto ieri sono appassiti!
E il commesso: – Davvero? *Strano, con me non l'avevano mai fatto*!

## VOLO SUPERECONOMICO

All'aeroporto:
– Mi scusi...
– Sì?
– Lei è il signore che ha insistito per avere un volo supereconomico prima dell'estate?
– Esatto! Quando parto?
– *Giusto il tempo di legarle le ali sulla giacca*!

# CURIOSITÀ

– Voglio vedere quanto
è profondo il nostro giardino!

# PRIMAVERA

## PANTEGANE NEL GRANO

Un'auto con due pantegane a bordo sta passando vicino a un campo di grano.
Le due pantegane notano che in mezzo al campo c'è un'altra pantegana su una barca, che sta cercando di remare.
L'autista si gira verso la compagna e commenta:
– Vedi… è per colpa di pantegane come quella che poi fanno le barzellette su di noi!
– Hai proprio ragione! *Se sapessi nuotare andrei là a dirgliene quattro!*

## VITA NEI PRATI

Due farfalle dalle ali variopinte svolazzano di fiore in fiore. La prima, vedendone passare una tutta bianca, esclama: – Guarda, *la sposa*!

## OSTINAZIONE

Un'oca vuole farsi bella in previsione dell'estate ed entra in un negozio di accessori per animali.
– Avete del lucidante per le penne? – domanda.
– No, mi dispiace – risponde il negoziante.
– Avete del lucidante per le penne? – domanda di nuovo l'oca.
– Ho detto di no – risponde il negoziante in tono un po' scocciato.
– Avete del lucidante per le penne? – domanda impassibile l'oca.
– Se me lo chiedi ancora una volta – sibila furioso il negoziante – ti lego il becco con lo spago!
– Avete dello spago? – chiede l'oca.
– No! – risponde esasperato il negoziante.
– *Allora avete del lucidante per le penne?*

PRIMAVERA

## CARENZA DI CALCIO

Un paziente va dal medico chiedendo una cura ricostituente per la primavera.
Il medico dice: – Lei è solo carente di calcio.
Dopo un mese il paziente torna dal medico.
– Ha seguito la cura? – domanda il dottore.
– Sì, *gioco a calcio tutti i giorni*, ma non è servito a nulla...

## HOTEL PER LUMACHE

Mentre passeggiano tranquille in un prato fiorito, due chiocciole si imbattono in una grossa conchiglia marina abbandonata.
– È la grande occasione della nostra vita! – esclama la prima chiocciola entusiasta. – Ora possiamo metterci in affari!
– Quali affari? – le chiede l'altra, perplessa. – Di che cosa stai parlando?
E la prima: – Ma dell'apertura di un gigantesco *hotel per lumache!*

## APICE

A scuola la maestra domanda:
– Bene, Carletto, ora spiegami che cos'è l'apice.
– *Un animalice che vola di fiorice in fiorice e fa il mielice!*

## UCCELLINO ALL'EDICOLA

È il primo giorno di primavera. Un uccellino vola sopra una piccola città, quando vede dall'alto un'edicola. Allora si posa sull'espositore dell'edicola e chiede al giornalaio: – Potrebbe darmi una pianta della città?
E il giornalaio, divertito: – Vuoi fare il turista?
– No – risponde l'uccellino, – voglio semplicemente fare il *nido!*

## ZATTERA... DI SALVATAGGIO

Una pantegana babbea sta seguendo un'esercitazione di evacuazione di una nave. Dato che si è dimenticata che cosa deve fare, si guarda attorno disorientata, finché non si avvicina un marinaio che le dice: – Vieni con me e fai come faccio io.
Il marinaio con pochi colpi decisi taglia le funi di una scialuppa di salvataggio.
Allora anche la pantegana comincia a dare dei gran colpi sulla barca facendola a pezzi.
Il marinaio, inorridito, le chiede: – Ma che cosa stai facendo?
E la pantegana: – Ti aiuto a *fare la zattera!*

## PRESTITO

Due amici si incontrano per strada: – Ciao Mario, dovrei andare a trovare la mia nonna e con questa bella giornata andrei in bicicletta. Puoi prestarmela?
– Qui no.
– E a casa?
– *Tutti bene, grazie!*

PRIMAVERA

## TELEVISORE

Una pantegana babbea si presenta in un negozio di elettrodomestici in cui stanno facendo delle offerte primaverili.
– Buongiorno, vorrei quel televisore...
– Mi dispiace – risponde il proprietario. – Noi non facciamo sconti alle pantegane babbee!
Seccata, la pantegana va a casa, si mette gli occhiali e una barba finta e si ripresenta al negozio.
– Buongiorno, vorrei quel televisore...
Il proprietario, sempre più brusco: – Gliel'ho detto che non facciamo sconti alle pantegane babbee!
La pantegana, stupitissima: – Ma come ha fatto a scoprirmi?
– Quella non è una televisione, ma un *forno a microonde*!!!

## LENTI DA SOLE

- Vuole un paio di occhiali con lenti da sole?
- No, anche con la montatura...

PRIMAVERA

## ODORE O... PUZZA?

È una bella giornata di primavera e un tasso, innamorato di una puzzola, giunge davanti alla tana della sua fidanzata. Suona il campanello e dopo qualche secondo la puzzola apre la porta. Appena la vede, il tasso mormora commosso: – *Che buon profumo che hai...*

## SOLE

Il piccolo Andrea rientra in casa dal giardino e chiede molto gentilmente alla madre: – Mamma, posso prendere il sole?
– Ma certo – risponde la mamma.
Il bambino: – *Allora dammi la scala, quella lunga*!

## CAMPIONE

A una gara di corsa sulla distanza degli ottomila metri che si tiene tutti gli anni, ad aprile, è il giovane Babbeotto a tagliare per primo il traguardo.
Incredulo e felice per l'inatteso risultato ottenuto, si lancia in una serie di capriole acrobatiche, salti e grida di gioia.
Uno dei giudici di gara sussurra a un altro: – Chi glielo dice che lui doveva fare *ancora due giri*?

## PROPORZIONI

Siamo in maggio e durante una gita in campagna Gigi domanda: – Papà, che cosa sono queste pianticelle verdi?
– È grano, serve per fare il pane...
– Ma è così piccolo che servirà soltanto per fare i *panini*...

# PRIMAVERA

## STRAGARANTITO

Un tipo va a comperare una camicia primaverile.
Chiede al negoziante: – Uhm, se la lavo si restringe?
Il negoziante: – Ma nooo, stragarantito!
Il cliente torna a casa, lava la camicia e... questa si restringe eccome! Allora il cliente inferocito indossa la camicia e ritorna al negozio per protestare.
– Guardi, guardi un po' qua! – dice al negoziante.
Lui fa finta di stupirsi: – Oh, quasi non la riconoscevo! *Ma... ma come è cresciuto da ieri!*

## OGGI

– Scusa, sai se oggi è il primo giorno di primavera? – domanda una pantegana babbea a un'amica.
– No, mi dispiace... non ne ho proprio idea – risponde quella.
– Ma hai il giornale in tasca! – le fa notare l'amica.
– Puoi leggerlo lì sopra, no?
E la pantegana: – Ma no, non servirebbe... *il giornale è di ieri!*

## PREZIOSISSIMA

Un antiquario in primavera va a casa dei contadini nelle campagne alla ricerca di qualche pezzo raro. Un giorno si imbatte in una rarissima ciotola che i proprietari usano per dare il cibo al gatto. Si rivolge al padrone: – Mi scusi, stavo cercando un regalo per il mio nipotino, mi venderebbe questo gattino?
– Certamente! – risponde il contadino.
Poi l'antiquario aggiunge: – Non avete nulla in contrario se mi porto via anche la vecchia ciotola? Sa, magari ci si è affezionato...
– E no! La ciotola no! *In questi ultimi due mesi mi ha già fatto vendere dodici gattini...*

## UCCELLI

Alcuni uccelli se ne stanno appollaiati sui fili del telefono a scaldarsi al primo sole primaverile.
Uno di essi ne chiama un altro che sta su un filo diverso, ma non riceve risposta.
– È inutile che insisti – gli dice un compagno di filo.
– Non vedi che è *impegnato sull'altra linea?*

# GITA FUORI PORTA

- Scusi, mi sa dire dove mi trovo?
- Ma certo... nella sua macchina!

## ELEZIONI

È tempo di elezioni e, prima di recarsi ai seggi, due pantegane babbee stanno discutendo: – Sai... non farò più l'errore di andare a votare da sola, mi porterò tre amici in cabina.
– E perché?
– Perché l'ultima volta non se ne sono accorti e mi hanno lasciato andare, però sulla scheda elettorale c'era scritto: *da piegare in quattro!*

## RUMORI FASTIDIOSI

Nel mese di maggio, marito e moglie decidono di acquistare una villetta al mare da utilizzare per le vacanze estive.
Ne trovano una molto carina, con un bel po' di giardino, luminosa e non troppo cara.
Però la costruzione è a poca distanza dall'aeroporto.
– Dev'esserci un rumore fortissimo, con tutti i continui passaggi degli aerei – si preoccupa la moglie.
Il venditore cerca di rassicurarla: – Sì, è una cosa tremenda, ma solo per la prima settimana. Poi ci si abitua.
E il marito: – Bene, allora non c'è nessun problema. Vuol dire che la prima settimana *andremo a dormire in albergo!*

## PORCOSPINI AVVENTUROSI

Un giorno due porcospini decidono di esplorare una zona desertica che si trova subito fuori dal boschetto dove hanno sempre vissuto.
Superata la collinetta sabbiosa, si trovano davanti a una piccola valle piena di piante grasse, tutte verdi e irte di spine.
– Aaah! – grida uno dei due porcospini. – Siamo stati *invasi dai marziani*!

## BILANCIA E BUGIE

Una signora è a dieta per la prova costume, così entra in farmacia con il marito e vede una bilancia di quelle speciali, supertecnologiche, che fanno anche l'oroscopo. La signora sale sulla bilancia, che comincia a vibrare. Poi da uno sportellino esce un foglietto.
Il marito prende il foglietto e legge ad alta voce: – La bilancia dice che sei affascinante, intelligente, razionale, sensibile, dolce, spiritosa...
Gira il foglietto e borbotta: – Uhmmm, *anche il peso è sbagliato!!!*

# AL PARCO

- Io mi chiamo Maria, e tu?
- Ehm... *io*... no!

## LETTERA 'L'

A scuola, la maestra domanda a Filippo:
– Dimmi il nome di un alimento che contenga la lettera 'L'.
Il bambino ci pensa un po', poi dice: – Uovo.
– Uovo? – chiede la maestra meravigliata. – E la 'L' dov'è?
– *Nel tuorlo!*

## VIOLINISTA E MEDICO

Un tizio si è fatto male alle mani e deve farsi un'operazione per tornare a usarle normalmente. Dice tutto preoccupato al chirurgo: – Dottore, pensa che per questa primavera potrò suonare il violino?
– Ma certamente – lo rassicura il medico. – Sa, oggi la chirurgia fa dei veri prodigi: mi creda!
– Caspita! Deve essere vero – sorride il paziente felice, – *perché io, il violino, non l'ho mai suonato!*

## INGREDIENTI SPECIALI

Per il compleanno della mamma, Sara prepara una torta. La mamma mangia a fatica qualche boccone, nonostante lo strano sapore.
– Dove hai trovato una ricetta così buona?
– È quella che hai ritagliato tu l'altro giorno dal giornale...
– Come?! – dice sbigottita la mamma. – Erano le istruzioni per preparare *una maschera di bellezza con prodotti naturali!*

## ACQUAZZONE

Due nuvole s'incontrano in cielo durante un acquazzone e iniziano a litigare.
– Hai voltato improvvisamente a sinistra, senza mettere la freccia! – dice una, arrabbiata.
E l'altra: – Non è vero! Prima di girare *ho anche lampeggiato!*

## BICICLETTA

È una bella giornata di inizio primavera e un tizio sta facendo una passeggiata. A un certo punto vede un amico che sta passando con la bici sopra a una banconota da 50 euro e gli chiede: – Perché continui a passare con la bici sopra a quella banconota?
– Sto *investendo* il mio denaro!

## RIPASSA, ANTONIO, RIPASSA...

Antonio torna a casa prima della fine della scuola.
– Come mai sei a casa così presto? – gli chiede la mamma.
– Ah, la maestra è stata così gentile... mi ha detto di ritornare a scuola domani.
La mamma: – Uhm, davvero?
Antonio: – Ma certo! Durante l'intervallo mi ha dato un libro di storia e mi ha raccomandato: *'Ripassa, Antonio, ripassa'*!

## FATTORIA

Nel mese di maggio una scolaresca sta visitando una fattoria. Il fattore chiede a qualcuno se sa dire quante mucche ci sono nel campo. Un alunno risponde:
– Sono 898!
Il fattore sbalordito chiede: – Ma come hai fatto a indovinare?
– Semplice – risponde il bambino, – *ho contato le zampe e poi ho diviso per quattro*!

## UOVA FRESCHE

La piccola Margherita sta giocando all'aria aperta quando la mamma le chiede di andare a prendere le uova dal contadino che abita vicino a loro.
– Ecco, tieni. Sono ancora *calde* – dice l'uomo gentilmente.
– No, no, allora non vanno bene: la mamma ha detto che le vuole *fresche*!

# PERCHÉ IN CURVA?

– In primavera pesco sulla curva del fiume perché spero che qui i pesci rallentino!

## GUSTI... PERSONALI!

È primavera e un contadino sta concimando il terreno. Un tale che passa di lì gli chiede: – Che cosa fa con quel concime?
– Lo metto sulle fragole!
– Strano! *Io sulle fragole ci metto lo zucchero e il limone*!

## GIRA E RIGIRA

Un automobilista si sta recando a fare una gita al lago. Imbocca uno svincolo autostradale: gira e rigira, dopo un'ora si trova sempre nello stesso posto. Si ferma in un punto dove ha notato un signore che, insieme a moglie e bambini, fa colazione su un prato.
– Scusi, sa dirmi come devo fare per uscire dall'autostrada?
– Vorrei saperlo anch'io! – risponde l'altro.
– Pensi che noi non siamo ancora riusciti a rientrare dal *viaggio di nozze*!

## ANNIVERSARIO

Un impiegato bussa alla porta del capoufficio.
– Vorrei chiederle il permesso di assentarmi!
– Non se ne parla nemmeno! – grida in malo modo il capufficio.
– Ma è maggio ed è il ventesimo anniversario di matrimonio, ho promesso a mia moglie di portarla a fare una vacanza primaverile…
– Ma insomma… mi tira fuori la stessa storia *ogni dieci anni!*

## ULTIMI PIANI DI CORSA!

In farmacia, un tipo entra e chiede: – Per cortesia, vorrei rimettermi in forma per l'estate. Ha qualcosa per farmi sudare?
Il farmacista, prontissimo, tira fuori da sotto il tavolo due pesanti sacchetti della spesa e glieli affida, dicendo: – Ecco, me li consegni in Corso Garibaldi 15, *quinto piano, senza ascensore, di corsa!*

## LOGICO!

Un contadino, rientrando dai campi in una bella giornata di primavera, si accorge che su un albero c'è appollaiato un uomo.
– Che cosa fa lassù? – domanda incuriosito il contadino.
– Mangio le albicocche – risponde l'altro.
– Ma quello è un ciliegio! – obietta il contadino, sconcertato.
– E allora? – ribatte l'altro. – Mi sono comprato un chilo di albicocche e *me le mangio dove mi pare!*

## COMPITO IN CLASSE

Mancano pochi giorni alla fine dell'anno scolastico e, uscendo da scuola dopo un compito in classe, il piccolo Ettore confida al compagno Carletto:
– Io ho consegnato il compito in bianco!
– Accipicchia – esclama l'altro bambino, – anch'io! Ora penseranno *che abbiamo copiato!*

## DIECI

Un ragazzino torna a casa con la pagella di fine anno.
Il padre la legge ad alta voce, infuriato.
– Vergogna! Tre in matematica, zero in italiano, due in storia, quattro in geografia. Poi, stupito: – Ma... qui c'è un dieci?
Il ragazzino: – Ehm, veramente quelle sono le *assenze ingiustificate*, papà!

## GIACCA O GUANTO?

Un tizio va a farsi misurare il vestito primaverile che si è fatto fare dal sarto.
– Guardi come le sta bene – dice l'artigiano, – la giacca le calza proprio come un guanto!
– Ma... veramente – obietta l'uomo, – le maniche mi arrivano *in cima alle dita*!
– *Appunto*!

## TACCAGNERIA

Un tipo molto, molto, mooolto taccagno va dal fiorista per comprare dei fiori freschi primaverili. Qui vede un'insegna con scritto 'Ditelo coi fiori'. Allora entra, si avvicina al commesso e chiede: – Scusi, ehm, io vorrei sapere... quanto costa un... *bisbiglio*?

## ORTO

– Nonno, perché hai messo quella cosa puzzolente nell'orto vicino ai pomodori?
– È concime, si mette in primavera e serve a farli crescere di più.
– Ah, capisco: i pomodori, per non sentire l'odore, cercano di *crescere più in fretta possibile!*

## PICCOLI IN CAMMINO!

Al parco, in una bella giornata primaverile, si incontrano due signore con due bambini piccoli.
– Mio figlio cammina da quando ha sei mesi... – esclama la prima.
– Poverino! – risponde l'altra. – *E non è ancora stanco*?!

PRIMAVERA

## DIFFERENZA

Alessandro domanda all'amico Arturo: – Lo sai che differenza c'è tra una squadra di calcio e il sottoscritto?
– No – ammette l'altro bambino.
– Che la squadra, il 4-1-2-1-2 lo adotta in campo – spiega Alessandro, – mentre io ce l'ho nella *pagella di fine anno!*

## GRANDI PULIZIE

Un impiegato si rivolge al suo capoufficio: – Domani dovrei fare le grandi pulizie di primavera con mia moglie. Volevo chiederle se mi concede un giorno di permesso.
– Mi spiace, non posso proprio, c'è troppo lavoro.
– Grazie infinite, *sapevo che avrei potuto contare su di lei!*

# ESTATE

ESTATE

## LO SCIENZIATO

Mattia, durante le vacanze estive, va tutti i giorni a trovare il suo vicino di casa, il signor Ludovici, uno scienziato ormai in pensione.
La mamma, contenta per quel bel gesto, una sera chiede: – Dimmi, Mattia, che cosa ti dice il signor Ludovici?
– Dice che gli piacciono molto le mie merendine, mamma.
– E a te che cosa piace Mattia?
– Beh, a me piace il modo in cui mi fa *i compiti di matematica*!

## OROLOGIO

Sulla spiaggia Marietto incontra l'amico Giorgio che ha un bell'orologio subacqueo da polso, nuovissimo, e cammina avanti e indietro con aria disorientata.
– Che cosa stai facendo? – domanda Marietto.
– Mi hanno regalato quest'orologio dicendomi che posso bagnarlo...
– E allora? – chiede ancora Marietto.
– Beh – ribatte sempre più perplesso il piccolo Giorgio, – *non riesco a trovare i rubinetti*!

## MOSCHE AL MARE

Che cosa fanno le mosche in spiaggia d'estate?
Vanno in *moscone*!

## CAPELLI BIANCHI

Un bambino sta giocando sulla spiaggia. All'improvviso si interrompe e osserva la madre domandandole: – Mamma, perché hai dei capelli bianchi?
Con un sorriso, la madre risponde, scherzando: – È per causa tua: ogni volta che fai una marachella, un capello mi diventa bianco!
Il bimbo allora dice: – Tu devi averne fatte molte più di me... la nonna *ha tutti i capelli bianchi!*

## PESCE SPADA

Che cosa si dicono due pesci spada quando si incontrano in fondo al mare?
*In guardia*!

## EFFETTIVAMENTE...

Una signora, in un negozio di abbigliamento, prova un vestito estivo.
– Le sta proprio bene! – esclama la commessa.
– Effettivamente... – dice lei piacevolmente sorpresa, – a vedermi nel vostro specchio con questo vestito sembro molto più magra.
– Bene, allora lo compra, il vestito?
– No – replica la donna, – *voglio lo specchio!*

## OMBRA

Un elefante e una rana decidono di andare a fare un viaggio attraverso la savana.
A un certo punto si rendono conto che fa un caldo davvero insopportabile, così la rana dice all'elefante:
– Facciamo così: tu mi fai ombra per mezz'ora e *poi facciamo cambio!*

## LAGO IN DISCESA

Un tipo in maglietta e calzoncini corti chiede a un altro: – Sai dove posso trovare un lago in discesa?
– Perché?
– Perché mi hanno regalato un paio di sci d'acqua e *non so dove provarli*!

## OBLÒ

Una signora molto distratta prenota una vacanza su una nave da crociera.
Si sistema nella cabina e comincia a tirare fuori i vestiti dalla valigia...
Passa un inserviente che chiede: – Come si trova, signora? È comoda la cabina?
– Oh, sì – dice la signora.
Poi indica gli oblò: – E sono così comodi *questi armadietti a muro, ci sta un'incredibile quantità di roba!*

## RECORD

Campionato estivo di apnea. Un atleta dell'isola di Toperla è il primo concorrente. Rimane sott'acqua sette minuti. I giornalisti chiedono: – Che record! Come ha fatto?
– Volevo rendere famosa l'isola di Toperla!
Il secondo concorrente è un grosso nuotatore robusto. Rimane sotto otto minuti. I giornalisti: – Eccezionale! Ma ci dica, come ha fatto?
– Sempre allenamenti, anche la domenica, mai un momento di vacanza...
E arriva il turno del terzo concorrente, un tipo mingherlino. Tutti pensano che sia inutile che si immerga, tanto il nuotatore robusto ha sicuramente vinto la gara. Il mingherlino si tuffa.
Passano tre, cinque, nove minuti... dopo dodici minuti esatti, riemerge. Lo portano in trionfo.
– Ma come ha fatto? – chiedono i giornalisti.
– È stata un'esperienza orribile – spiega lui, ancora senza fiato. – Non mi era mai capitato che *mi si impigliasse il costume sul fondo!*

ESTATE

## COZZE

Marcello e un amico si avvicinano a un pescatore che vende pesce fresco sulla spiaggia. Marcello chiede con aria furbetta all'amico: – Lo sai come portano il cappello le cozze?
L'amico lo guarda con aria interrogativa e scuote la testa.
Marcello esclama: – *Alla marinara*!

## PER STRADA

In un pomeriggio estivo un tipo passeggia per strada quando incontra un'amica. La ferma e le chiede:
– A proposito, come sta tua nonna?
Lei gli risponde sorridendo: – Molto meglio, grazie. È in via di guarigione.
E lui: – *Numero*?

## MEZZO GRADO

L'ammiraglio Codamozza Nelson, famoso per le quarantasei medaglie di cui va molto fiero, in una notte d'estate, naviga sul mare davanti all'isola di Provolera. A un tratto scoppia un temporale e... intravedendo una luce, l'ammiraglio invia subito un messaggio radio:
– Spostatevi di mezzo grado a nord!
La risposta è immediata: – Spostatevi voi di mezzo grado a nord!
L'ammiraglio ripete solenne, aggiustandosi una medaglia: – Sono l'ammiraglio Codamozza Nelson e vi ordino di spostarvi subito di mezzo grado a nord!
– E io sono Pinuccio Caciotta, marinaio di seconda classe, e insisto assolutamente perché vi spostiate voi!
L'ammiraglio, indignato, minaccia: – Se non vi spostate immediatamente, vi facciamo colare a picco!
L'altro strilla: – Ah sì? *Beh, questo è il faro di Provolera e se non vi spostate subito, sarete voi a colare a picco!*

# ESTATE

## ODORE

Qual è la pianta più odorosa soprattutto in estate?
La pianta... *dei piedi*!

## ABBRONZATURA?

Un cavaliere medioevale ritorna a casa dopo essere stato via dieci anni.
Sale le scale del suo castello, entra nella sua stanza e si toglie l'armatura.
– Uffa, finalmente!
La moglie lo guarda stupita ed esclama: – Caro! Ma come sei... abbronzato!
Il cavaliere sbuffa e risponde: – Abbronzatura? Ma no! *Questa è ruggine!*

## FERIE

– Tu quando vai in ferie? – chiede un tizio a un amico.
– A cavallo tra luglio e agosto. E tu?
– Anch'io! Ma vado *in macchina*!

## PIGNOLERIA

In un ristorante rinomato di una nota località di mare, un signore dai gusti davvero un po' troppo difficili chiama il cameriere e ordina: – Mi porti un antipasto di mare, ma non troppo inzuppato nell'olio. Per primo vorrei un piatto di penne, non troppo cotte ma nemmeno troppo crude, con sugo di mare in bianco, poco sale, solo un pizzico di pepe e niente salvia. Poi un fritto misto di mare, con i totani belli croccanti e i pesciolini abbastanza morbidi. Per contorno, un'insalata condita solo con olio di oliva extravergine di prima spremitura e due gocce di aceto balsamico, senza sale...
Appena ha finito, il cameriere gli dice: – Il nostro fornitore abituale di pesce si chiama Sebastiano.
*Le va bene?*

## GIARDINIERE

Che cosa fa un giardiniere in piena estate in mezzo a un prato con un archetto?
Cerca di suonare *la viola*!

## MARTELLO PNEUMATICO

Sotto il sole cocente di metà agosto, due operai stanno lavorando in un cantiere.
A un certo punto un operaio si ferma un attimo, si volta e dice all'altro: – Caspita! Questo martello pneumatico fa un rumore fortissimo!
L'altro: – Che cooosa?
L'operaio allora ripete: – Ho detto che questo martello pneumatico fa un rumore fortissimo!
L'altro: – Che cooosa?
L'operaio, urlando ancora più forte: – Ho detto che questo martello pneumatico fa un rumore fortissimo!
L'altro: – Che cooosa?
L'operaio, ormai esasperato, urla a pieni polmoni:
– Ho detto che questo martello pneumatico fa un rumore fortissimo!!!
L'altro urla a pieni polmoni: – Che cooosa? Non ti sentooo! Questo martello pneumatico *fa un rumore fortissimo!*

ESTATE

## GAZZOSA CON IL LIMONE

In un elegante bar del centro di una famosa città turistica entra un cane assetato, abbaia due volte e il barista gli porta una gazzosa con dentro una fettina di limone.
Sorpreso, un cliente chiama il cameriere: – Senta... ma a lei non sembra strano?
– No, signore... *noi mettiamo sempre il limone nella gazzosa!*

## DUBBI, ATROCI DUBBI!

– Dottore, mi aiuti, non posso vivere così, in estate soffro di terribili stati d'ansia...
– Si spieghi meglio... Mi dica: come si manifesta questa sua ansia?
– Mah, sono assalito frequentemente da atroci dubbi!... *O no?*

## OSTRICHE NERVOSE

Che cosa dice un'ostrica che si è arrabbiata con un'altra?
– Oggi ho proprio i nervi... *a fior di perle*!

## MENU COMPLETO

Un pescatore si trova da alcune ore al lago, sotto il solleone, aspettando di prendere qualche pesce.
Finalmente vede un pesciolino avvicinarsi all'amo, ma invece di abboccare quello ruba l'esca e scappa via.
Il pescatore rimette un vermicello sull'amo e riprova.
Ancora il piccolo pesce ruba l'esca e si allontana.
Finite le risorse, il pescatore prova con la pastasciutta che la moglie gli aveva preparato per pranzo.
Il pesce mangia anche quella.
Allora tenta con un pezzo di formaggio, ma viene divorato.
Infila un pezzetto di pomodoro e il pesce riesce di nuovo a mangiarglielo senza abboccare. Ma questa volta, invece di allontanarsi, il pesciolino emerge dall'acqua e chiede al pescatore: – Scusi, non avrebbe anche *una fetta di torta*?

# GALLO IN MARE

Che cosa ci fa un gallo in mare?
*Galleggia!*

## GIOCHI BABBEI

Che cosa fanno due pantegane babbee nel deserto sotto il solleone per far passare il tempo?
Giocano *a nascondino*!

## ISOLA SPERDUTA

Su un'isola deserta ci sono due naufraghi.
A un certo punto uno domanda all'altro:
– In che stagione siamo?
– In estate – risponde il compagno.
– E che giorno è oggi? – chiede ancora.
– Sabato – dice l'altro. – Perché me lo chiedi?
– Odio il fine settimana – dice il primo, tutto accigliato. – *Non si sa mai che cosa fare!*

## POLPI INDAFFARATI!

La signora polpo dice in tono un po' seccato al marito:
– Lavare, stirare, rammendare, cucinare, sistemare il giardino, badare ai piccoli... oh insomma, guarda che io ho solo *quattro paia di tentacoli, eh*!

## 'ACQUA'

Durante una spedizione nel deserto del Sahara un esploratore si perde. Cammina per giorni sotto il sole cocente. Ormai allo stremo delle forze e senza più acqua, vede un cartello. Si avvicina e legge 'acqua'. Seguendo la direzione indicata dalla freccia, il povero esploratore procede nel deserto per alcune ore fino a incontrare un altro cartello con scritto 'acqua' e la solita freccia.
Esausto, continua a camminare. Dopo altre ore, scorge ancora un cartello. Stenta a leggerlo, ma alla fine si avvicina e legge 'acqua' insieme a un'ennesima freccia. Ormai senza forze l'uomo striscia fino a un altro cartello sul quale legge: *'fuocherello'*...

 ESTATE

## CAVALLUCCI MARINI

Due cavallucci marini stanno viaggiando a una velocità ben più alta di quella consentita dalle leggi subacquee. A un certo punto uno dei due si accorge che poco più avanti c'è una stella marina.
– Rallenta – dice al compagno. – C'è lo *sceriffo*!

## DOPPIO MENTO

Un tizio va dal dottore: – Dottore, devo andare in vacanza ma mi è venuto il doppio mento. Che cosa si potrebbe fare?
– Mah... le potrei mettere una *seconda bocca*!

**ESTATE**

## OGGETTI SMARRITI

Allo sportello degli oggetti smarriti di una nota località turistica c'è una coda lunghissima. Un tale è costretto a mettersi in fila e aspettare. Dopo molto tempo, finalmente, arriva il suo turno.
L'impiegato gli chiede con aria distratta: – Lei che cosa ha perso?
– *La pazienza*!

## LUCE E RITARDI!

Seduti in giardino, in una calda sera d'estate, il padre e il figlioletto osservano le stelle.
– Vedi – spiega il padre, – le stelle sono lontane dalla Terra migliaia di anni luce! Ciò significa che la loro luce è nata migliaia di anni fa e arriva qui da noi solo ora!
– Ah – commenta il figlioletto un po' imbronciato, – e la mamma fa tante storie *se io arrivo a tavola con cinque minuti di ritardo*!

## OFFESA

Un gruppo di amici è sulla spiaggia e a un certo punto uno dice: – Volete sapere una barzelletta sulle pantegane babbee?
Uno dei presenti dice offeso: – Guarda che io sono una pantegana...
– Ok, vuol dire che *a te la spiegherò più tardi*!

## FURTO ASSURDO

Un automobilista telefona alla centrale di polizia:
– Pronto, polizia? Sono all'autogrill della tangenziale nord. Mi sono fermato per prendere una bibita fresca con questo caldo, ma quando sono tornato in auto ho scoperto che mi avevano rubato i pedali del freno, dell'acceleratore e della frizione, il freno a mano, il cruscotto e anche il volante!
– Veniamo subito! – rispondono loro.
Dopo pochi minuti il tipo ritelefona alla centrale:
– Ehm, volevo dirvi di non venire.
– Che cosa è successo?
– Beh, io... – balbetta impacciato lui. – Ecco, mi ero seduto per errore *sul sedile posteriore!!!*

## LEZIONE DI VOLO

In un villaggio vacanze un turista sta prendendo lezioni di volo. Al termine di un'esercitazione l'aereo atterra malamente sulla pista, sobbalzando sul terreno.
– Caro ragazzo, lei ha fatto proprio un pessimo atterraggio! – si lamenta l'istruttore, scuotendo la testa.
– Io? – si stupisce il turista. – *Ma io credevo che pilotasse lei!*

## CHINOTTO

In un bar un ragazzo chiede: – Fa molto caldo. Vorrei un chin*otto*.
– Sono quattro euro.
– Ne ho solo due...
– Allora, per la metà, ti posso dare un chin*quattro*!

## OSTRICHE AL TELEFONO

Un'ostrica in fondo al mare alza la cornetta del telefono per rispondere e dice: – Pronto chi *perla*?

## GRAND HOTEL

Che cosa ci fa il direttore di un hotel di lusso in un piccolo albergo in riva la mare?
*È andato in pensione*!

## PARAGONI

Due capre affamate vagano nel deserto sotto il sole cocente. A un tratto vedono un libro nella sabbia.
La prima capra urla: – Guarda! Finalmente qualche cosa da mangiare! – e si divora tutte le pagine in pochi secondi.
L'altra capra guarda stupita la compagna ed esclama:
– Allora, com'è?
E la prima: – Mah, ti dirò... *era meglio il film*!

## FARFALLE

In un ristorante di una nota località turistica marina un cliente protesta: – Cameriere, ho chiesto un piatto di pasta ma mi avete portato dei bruchi!
– Ma certo! – risponde il cameriere. – Lei ha ordinato delle *'farfalle'* molto al dente...

## BLA BLA BLA...

Una signora va all'agenzia di viaggi per prenotare il volo aereo per le vacanze.
Essendo una gran chiacchierona, tiene occupata per molto tempo l'impiegata e dietro di lei si forma una lunga fila.
A un certo punto, quando l'impiegata le domanda se vuole il posto nella zona di prima classe, si fa avanti il signore dietro di lei che chiede, un po' seccato: – Mi scusi, dato che dovrei prendere lo stesso volo di questa signora, volevo sapere se per caso sull'aereo c'è *una zona non parlatori!*

# ESTATE

## ALTEZZA

La giraffa, a bagno nel fiume con solo la testa fuori dall'acqua, dice alla gazzella che la osserva dalla riva:
– Vieni pure... qui fa fresco e *si tocca!*

## ZUCCHINE IN PADELLA

Tre vicine di casa.
– Ieri era una bella giornata di sole, così sono andata nell'orto a prendere un po' di zucchine, ma ho trovato mio marito disteso a terra: non ha visto un vaso ed è caduto proprio sulle zucchine.
– Poverino! E tu che cosa hai fatto?
– Beh, ho dovuto cambiare la ricetta. Non ho fatto più le zucchine in padella, ma *ho cucinato patate e fagiolini...*

## ELEFANTI

Un elefante si avvicina a un altro elefante che, con la lunga proboscide, sta prendendo il cibo dai rami più alti di una pianta.
– Amico – dice l'elefante all'altro, – ti vedo sempre qui a mangiare, eppure non mi sembri in gran forma: sei così magro e pieno di macchie!
Forse dovresti farti visitare...
– Beh – risponde l'altro, – se c'è qualcuno che ha bisogno di una visita sei tu... io non sono un elefante, *sono una giraffa*!

## CENTO EURO

In vacanza, un tizio va a uno sportello informazioni di un centro turistico.
L'impiegato dice: – Per ogni domanda... 100 euro.
Il signore: – Ma non le sembra troppo?
E l'altro: – *No. Mi dia 100 euro, prego. Avanti il prossimo!*

## GIAVELLOTTO

Un giovane atleta torna a casa tutto arrabbiato perché è stato squalificato alla sua prima gara estiva di lancio del giavellotto.
La mamma gli domanda come è successo.
– Uff... è tutta colpa del cane! – spiega il ragazzo con il broncio. – Te l'avevo detto che non era per niente una buona idea portarlo con me a vedere la gara!
– Perché, che cosa ha fatto? – chiede la mamma.
– Ogni volta che lanciavo il giavellotto *me lo riportava indietro!*

## PERSONALITÀ

Al bar, un cliente chiede un bicchiere di acqua.
– Come la vuole: liscia o frizzante?
– Me la dia bella frizzante per favore: *mi piacciono i caratteri simpatici e spiritosi!*

ESTATE

## NAFTALINA

Un tizio entra in una drogheria e spiega che, con l'arrivo del caldo, ha scoperto di avere le tarme nell'armadio, così chiede qualcosa per eliminarle.
Il negoziante gli vende un pacchetto pieno di palline di naftalina. Il giorno dopo l'uomo si ripresenta al negozio e dice: – Me ne dia un altro chilo!
– Caspita! – esclama il droghiere. – Avete molte tarme in casa?
– Sì, ma forse queste palline non vanno bene.
– Non è possibile, la naftalina ha sempre fatto effetto sulle tarme.
– Sì, qualcuna l'ho fatta fuori, *ma è così difficile colpirle in testa!*

## DESTINAZIONE

In vacanza. Un viaggiatore chiede all'autista del pullman di linea: – Scusi, manca ancora molto per arrivare a destinazione?
E il guidatore: – Mi dispiace, signore, ma lei ha preso la corsa sbagliata: *questo autobus non va a Destinazione, ma a Monteguidone!*

## ANCORA

Il comandante ordina: – Gettate l'ancora!
Un mozzo babbeo: – Ma comandante... è *ancora nuova*!

## DENTIERA

Al cinema all'aperto, un vecchietto si alza in piedi, lancia un'esclamazione e poi comincia a rovistare sotto le poltrone.
Tutti protestano e chiedono: – Ma chi è? Ma che cosa sta facendo?
Il vecchietto spiega: – Mi è caduta la gomma da masticare!
– E lei fa tutto questo baccano per una semplicissima gomma da masticare?
Il vecchietto: – Ma... *c'era attaccata la mia dentiera!*

## COLPO DI FULMINE

In spiaggia c'è una turista molto carina.
Un tipo passa, si ferma e le chiede: – Lei crede all'amore a prima vista *o devo passare un'altra volta*?

## DOVE SIAMO?

Due giovani turisti stanno visitando per la prima volta nella loro vita l'Italia.
Il viaggio organizzato prevede anche una visita a Bologna.
Quando scendono dal pullman, il primo si volta verso l'amico e gli chiede: – Dove siamo arrivati?
L'altro apre la guida, dà una rapida occhiata e risponde: – *A pagina 72!*

## DISTRAZIONE

Una notte un canguro fugge da un parco faunistico. Dopo averlo ripreso e rimesso al suo posto, il direttore aumenta la sorveglianza e fa alzare la cancellata di due metri, ma il canguro scappa di nuovo.
Dopo averlo preso un'altra volta, il direttore fa alzare nuovamente la cancellata di altri due metri, ma ancora il canguro riesce a uscire.
Un altro animale commenta: – Caspita, sei proprio agile! Fino a che altezza dovranno alzare la cancellata per impedirti di scappare?
– Ah! – risponde il canguro. – Non basteranno neanche cento metri, se continuano a lasciare aperta la porta...

## PER SEMPRE!

In tribunale il giudice si rivolge all'imputato.
– È vero che sulla spiaggia ha trovato un braccialetto d'oro... e se lo è tenuto?
L'imputato: – Sì, certo!
– Perché?
– Perché all'interno ho letto la scritta: *'Tuo per sempre'*!

## GELATO AL PISTACCHIO

Un tipo al bar.
– Cameriere, che caldo! Mi dia un gelato!
– *Al pistacchio?*
– No, a me!


## DIPENDE

Un signore entra trafelato in stazione per prendere il treno per le vacanze.
– Scusi – chiede al ferroviere, – riesco a prendere il treno?
– Dipende – risponde il capostazione.
– Da che cosa?
– Da quanto corre veloce. Il treno *è partito cinque minuti fa...*

# PRENDERE IL SOLE

— Tengo il posto a mio marito che deve parcheggiare!

# OFFERTA

– Ecco la mia offerta per l'apertura estiva della *piscina comunale*...

ESTATE

## LANTERNA MAGICA

Un editore, un fotografo e un giornalista trovano una lanterna magica sulla spiaggia. Esce un genio, che offre loro la possibilità di realizzare un desiderio ciascuno.
– Io – dice il fotografo, – voglio una meravigliosa casa sul mare dove vivere senza la minima preoccupazione economica.
– Accordato – dice il genio.
– E io – dice il giornalista, – voglio uno splendido yacht dove vivere senza la minima preoccupazione economica.
– Ok – dice il genio. – E tu? – chiede all'editore.
– Io? Beh, io li voglio in redazione entro dopodomani, perché *devo pubblicare sul giornale foto e articolo...*

## FAR WEST

In un saloon, nel Far West, fa un caldo atroce. All'improvviso entra un cavallo che ordina un tè, lo beve, paga e se ne va.
Uno dei clienti ha seguito tutta la scena con gli occhi sgranati e, appena l'animale esce, dice al barista, stupito: – Ma... è una cosa mai vista!
– Già – gli fa l'altro senza scomporsi, – *di solito prende un bicchiere di latte*!

## DISC-JOCKEY

Il titolare di una discoteca in riva al mare dice al disc-jockey, arrivato in ritardo: – Si può sapere perché non sei mai puntuale al lavoro?
– Perché ho dovuto fare 45 giri per trovare un parcheggio libero, poi ho dovuto mettere il disco per la sosta. Tutti i giorni *la stessa musica*!

## CHECK-IN

Un passeggero si presenta all'aeroporto con sei valigie. Va al check-in e le consegna dicendo tutto serio:
– Buongiorno, io sto andando a New York, ma vorrei che queste due valigie andassero a Roma e queste due a Londra...
– Non è possibile – spiega la hostess.
– Come non è possibile? *Se l'ultima volta ci siete riusciti benissimo!*

## BIADA O ARANCIATA?

Un professore sta interrogando un candidato durante un esame universitario. Il ragazzo è piuttosto sveglio, ma poco preparato sull'argomento, al punto che, dopo qualche risposta incerta, il professore lo interrompe ed esclama: – Assistente, porti della biada per l'asino!
E lo studente, fulmineo: – *E per me* un'aranciata, fa così caldo oggi!

## AGLIO

Ciccio chiacchiera con Gigio e gli racconta: – Sai, ho un segreto che non sa nessuno per stare sempre in buona salute... In estate, quando fa proprio tanto caldo, mangio un etto di aglio crudo al giorno!
Gigio, tappandosi il naso, ribatte: – Bleah! *Non è un segreto, te lo garantisco...*

# AUTUNNO

# AUTUNNO

## CONIGLIO VANITOSO

Un coniglio è seduto su una panchina al parco e si vanta con gli animali che passano.
Arriva la giraffa e gli chiede: – Che cosa stai facendo, coniglio?
E lui: – Mi godo i colori dell'autunno, bevo un tè, mi riposo e quando passa il leone lo spavento.
Passa la zebra e gli chiede: – Che cosa stai facendo, coniglio?
Il coniglio: – Mi godo i colori dell'autunno, bevo un tè, mi riposo e quando passa il leone lo spavento.
Passa il leone e gli chiede: – Che cosa stai facendo, coniglio?
– Mi godo i colori dell'autunno, bevo un tè, mi riposo... *e dico sciocchezze*!

## DAL DOTTORE

Un cane dal dottore: – Non sto molto bene ultimamente, credo di avere un po' di influenza...
– Va bene, si stenda sul lettino.
– Oh, grazie! A casa non mi fanno mai salire *nemmeno sul divano*!

## IL TEMPO NON CONTA

Un cittadino sta andando a trascorrere un weekend in campagna.
È una tiepida giornata di inizio autunno e non c'è nessuno in giro.
A un certo punto il cittadino passa davanti a un albero pieno di mele e vede che sotto c'è un contadino che regge un maiale tra le braccia e lo spinge in alto: la bestia sta mangiando una a una le mele.
Il cittadino si ferma e dice al contadino: – Scusi, ma non le converrebbe scuotere l'albero, far cadere le mele e lasciare lì il maiale a mangiarle? Risparmierebbe un sacco di tempo.
– Certo che siete ben strani voi di città – risponde il contadino. – Secondo lei che cosa gliene importa al *maiale* di risparmiare tempo?

# AUTUNNO

## IN STAZIONE

È il 15 novembre e fa già molto freddo.
In stazione arriva un treno. Si ferma, si apre lo sportello e si affaccia una gallina con due pesantissime valigie.
La gallina sporge il capo a destra, poi a sinistra, zampetta sul primo gradino, risporge il capo. Esausta per il peso del bagaglio, grida: – *Tacchinooo*!!!

## LE SCARPE NUOVE

Una signora entra in un negozio per comprare un paio di scarpe autunnali.
Ne sceglie un paio e il commesso gliele fa provare.
– Mi vanno un po' strette – si lamenta la donna, dopo averle indossate.
Il commesso la rassicura subito: – Non si preoccupi, signora. Vedrà che tra un paio di giorni le calzeranno perfettamente.
– Allora – dice la cliente, alzandosi e andandosene in un baleno – *ripasso fra due giorni.*

## BOSCAIOLO

Sta piovendo a dirotto e un gruppo di gitanti si rifugia in una baita di montagna. A un certo punto, un anziano signore si vanta di essere stato, in gioventù, il più grande boscaiolo del mondo. Uno dei gitanti gli chiede dove ha lavorato.
– Beh, tanto per cominciare, sono stato nel Sahara – risponde l'uomo.
– Ma il Sahara è un deserto! – ribatte l'altro.
E l'anziano: – Già... *ora lo è*!

## CURA FATICOSA

Un tizio con il mal di schiena va dal suo medico.
– Dottore, dottore, tutta questa pioggia autunnale mi ha fatto venire il mal di schiena!
Il medico ci pensa su e poi gli dice: – Allora, ecco la cura. Un giorno prenda questa pastiglia, il giorno dopo salti. Poi ne prenda un'altra e il giorno dopo salti. Mi chiami tra un mese!
Il tipo ritorna dopo un mese.
– Dottore, dottore...
– Allora, mi dica, come si sente?
– Ehm, la schiena va meglio, in effetti, ma... non avrebbe qualcosa per le gambe? Sa, *a furia di saltare*, mi sento le gambe indolenzite!

AUTUNNO

## BIZZE

Il pizzaiolo si è preso il raffreddore. Un cliente gli chiede: – Che cosa stai facendo?
– Le bizze.
– Eh? Alla tua età fai ancora i capricci?
– Ma nooo, nooo, faccio le *bizze... gol bomodoro*!

## ULTIMO E PRIMO GIORNO DI SCUOLA

Matteo si rivolge a un compagno di classe ed esclama un po' scocciato: – La cosa che odio di più del primo giorno di scuola è che è troppo lontano *dall'ultimo giorno di scuola!*

## LA MAPPA DEL BOY SCOUT

Una pattuglia di boy scout sta marciando in mezzo alla foresta sotto la pioggia scrosciante.
Improvvisamente il capo si accorge che... si è perso!
Per la preoccupazione inciampa e cade, schiacciando lo zaino in cui ci sono le provviste.
Prende la cartina e mormora, cercando di orientarsi: – Ehm, allora... noi ci troviamo proprio qui, vicino a questa *macchia di marmellata*... dobbiamo arrivare alla statale numero 15 dopo aver attraversato questa *chiazza di senape*, poi dobbiamo proseguire lungo questa *patacca di burro*, costeggiando questa *macchiona di cioccolato* fino ad arrivare al nostro campo base, indicato da questa *ditata di sugo al pomodoro*...

## INFLUENZA

Un pescatore viene sorpreso da un temporale.
Torna a casa bagnato, starnutendo.
La moglie chiede: – Che cosa hai preso?
Lui: – Una bella... *influenza*!

AUTUNNO

## TAPPEZZERIA

– Quest'estate non siamo andati in vacanza – dice la signora Rina all'amica passata a salutarla. – Io e mio marito abbiamo preferito ristrutturare un po' la casa. Vieni, ti faccio vedere…
Dopo averle mostrato la cucina e il salone, la donna porta l'amica in una camera le cui pareti sono tappezzate con una orribile carta da parati viola, arancione e nera.
– Non ti offendere – dice l'amica con un'espressione imbarazzata, – ma una cosa del genere fa venir voglia di scappare via da qui!
– Hai proprio ragione, cara! – concorda sorridendo la padrona di casa. – Infatti *questa è la stanza degli ospiti*!

## FAVORE

Paolo incontra per strada l'amico Massimo che, appena lo vede, gli va festosamente incontro e gli chiede:
– Paolo, puoi farmi un favore?
– Ma certo – dice l'altro. – Se posso...
– Mi sono dimenticato l'ombrello a casa e con questa pioggia me lo devo comprare nuovo. Dovresti cambiarmi questo pezzo da 50 euro con sei da 10 – spiega Massimo mostrando all'amico una banconota.
– Vorrai dire con cinque pezzi da 10 – lo corregge Paolo, risentito.
– Eh, già – ribatte il primo, – e allora, *che favore è?*

## LO SO!

È notte fonda e piove a dirotto. Un tipo si aggira nel corso principale della città, facendo finta di togliere qualcosa dalle tasche e spargendolo in giro.
Un poliziotto si avvicina: – Scusi, ma che cosa sta facendo?
Il tipo: – Faccio finta di gettare dei croccantini ai gatti randagi!
Il poliziotto: – Ma qui non ci sono gatti randagi!
Lui, con aria di superiorità: – Ah, beh, certo, lo so... è per questo che *faccio solo finta!!!*

# PECORE E PIOGGIA

– Piove! Presto, andiamo dentro: con l'acqua la lana si restringe!

## PRANZO ANNACQUATO

– Oggi ho pranzato in una trattoria all'aperto – racconta Luca – e a metà pasto è iniziato a piovere... *Ci ho messo tre ore a finire il brodo!*

## ORANGO

Con l'arrivo dell'autunno, il direttore di un parco faunistico vorrebbe accogliere due nuovi esemplari di scimmie.
Allora decide di mandare una e-mail a un suo collega per farli arrivare e scrive: 'Buongiorno. Sono il direttore del parco faunistico di Los Angeles. Vorrei accogliere per l'autunno due *orangi*'.
Poi gli viene il dubbio: – Avrò scritto giusto?
Allora riscrive la frase: 'Buongiorno. Sono il direttore del parco faunistico di Los Angeles. Vorrei che mi mandasse al più presto due *oranghi*'.
Ma non è ancora sicuro di aver scritto giusto.
A un certo punto si illumina, gli viene un'idea geniale e scrive di nuovo: 'Buongiorno. Sono il direttore del parco faunistico di Los Angeles. Vorrei che mi mandasse al più presto un *orango. Anzi, facciamo due.* Grazie mille!!!'.

# AUTUNNO

## CHE FIDANZATO!

– Il prossimo autunno vorrei chiedere la mano di sua figlia.
– Quale? La maggiore o la minore?
– Ehm, non sapevo che sua figlia avesse *una mano più grande dell'altra*!

## FAME DA TALPE

Due talpe vagano affamate per la foresta in un giorno di autunno inoltrato. Con loro c'è anche l'amica lepre. All'improvviso vedono in lontananza una pentola fumante. Una delle talpe apre velocemente lo zaino e comincia a infilarsi le scarpe da ginnastica.
– Pensi di riuscire a correre più veloce della lepre? – chiede l'altra.
– E la prima: – Certo che no, ma *più veloce di te* sicuramente...

## CURE TERMALI

– Basta, questa è l'ultima volta che faccio la sauna in ottobre! – dice una gallina all'amica.
– E perché?
– Perché poi per due settimane faccio *uova sode*!!!

## STELLE

– Sono proprio sfortunato! – confida Marco all'amico Andrea. – Pensa, ieri sera ammiravo il cielo pieno di nuvole passeggiando con la mia ragazza in giardino, ma sono inciampato e ho preso una botta così forte che ho visto anche... *le stelle*!

## DENTI

In una fredda giornata di novembre, Luigi si prepara per andare dal dentista.
Prima di uscire si mette in tasca un pettine. La mamma lo vede e gli chiede: – Perché stai prendendo con te anche un pettine tutto rotto?
– Beh, già che ci sono porto anche lui ad aggiustare... *i denti!*

# AUTUNNO

## APPUNTAMENTO

Un giovane attende una ragazza fuori dalla scuola. La saluta e poi le confessa: – Da quando ti ho vista a fine settembre, non sono più riuscito a chiudere occhio per tutto il mese di ottobre! Ogni notte restavo disteso sul letto a occhi aperti a pensare a te e a cercare il coraggio per chiederti di uscire insieme una sera!
– Va bene – gli dice la ragazza commossa, – andiamo a mangiare una pizza, stasera?
– No – risponde lui, – stasera mi faccio *una bella dormita!*

## PUZZLE

Una pantegana babbea si vanta con un amico:
– Guarda qua... mica male, eh?
– Bello, un bel puzzle, complimenti!
– Sì, è bello, ma sai quanto ci ho messo a farlo?
– Quanto?
– Due mesi! Pensa che l'ho finito in soli due mesi!
– Due mesi??? Senza offesa, ma... mi sembra abbastanza facile, avrà al massimo cinquanta pezzi...
– Sì, ma guarda che cosa c'è scritto sulla scatola: *da due a sei anni!*

## ZUPPA IMMANGIABILE

Al ristorante, un cliente entra un po' infreddolito e ordina una zuppa. Poco dopo chiama il cameriere e gli dice: – Cameriere! Non riesco proprio a mangiare questa zuppa.
– Gliela cambio subito, signore – risponde premuroso il cameriere.
Ma dopo un po' il cliente lo chiama ancora:
– Cameriere, non riesco proprio a mangiare nemmeno questa zuppa!
Il cameriere accorre di nuovo e cambia il piatto per la seconda volta.
Alla fine il cliente, seccato: – Cameriere, è inutile che continui a cambiarmi la zuppa. Non potrò mangiarla *finché non mi porterà un cucchiaio!*

## PRIMO GIORNO DI SCUOLA

Lia, al suo primo giorno di scuola, appena entrata in classe alza la mano.
– Bene, sono contento che qualcuno abbia già delle domande. Che cosa vuoi sapere? – chiede il maestro.
– Signor maestro, *quando iniziano le vacanze?*

## GIUNGLA

Nella giungla, un mattino, una tigre si sveglia, si stiracchia e comincia a passeggiare elegantemente.
Incontra una scimmietta e le ruggisce: – Chi è l'animale più potente della giungla?
La scimmietta trema e risponde subito: – S-sei tu, tigre... e nessuno è più potente di te!
La tigre continua la sua passeggiata.
Incrocia una pantera e le domanda altezzosa: – Chi è l'animale più potente della giungla?
La pantera risponde con voce tremante: – S-sei tu, tigre... e nessuno è più potente di te!
Soddisfatta, la tigre si aggira per la giungla sempre più sicura di sé.
Quando incontra un elefante davvero enorme, gli ruggisce feroce: – Chi è l'animale più potente della giungla?
L'elefante afferra la tigre, la solleva con la proboscide, la butta a terra, la prende per la coda e la fa roteare più e più volte, infine la fa cadere per terra.
– Tranquillo! – dice con un filo di voce la tigre. – *Se non sapevi la risposta giusta bastava dirlo, senza metterla giù così dura!*

## MISTERI

Nel bosco è arrivato l'autunno. Una marmotta si confida con un tasso: – Il prossimo inverno cercherò di rimanere sveglia...
– E per fare che cosa? – gli domanda incuriosito l'amico.
– Voglio vedere come fanno queste foglie *a risalire sugli alberi!*

## IN-SOP-POR-TA-BI-LE!

A settembre, il primo giorno di scuola, un ragazzino spiega a un altro, che è appena arrivato: – Vedi, il professore di italiano, quando non lo si conosce bene, lo si può trovare un po' antipatico...
– E quando lo si conosce bene?
– Ah, beh, allora lo si trova *in-sop-por-ta-bi-le*!

AUTUNNO

## CORSA DI CAVALLI

È una brutta giornata piovosa e due amici decidono di guardare la televisione, che trasmette una corsa di cavalli.
A un tratto uno dei due propone: – Proviamo a indovinare quale cavallo vincerà?
– Va bene.
– Allora io dico che arriverà per primo il cavallo bianco.
– Secondo me, invece, quello nero.
La corsa inizia e vince quello bianco.
– Ho indovinato! – esclama il primo.
Dopo un po' il vincitore, preso dai rimorsi, dice all'amico: – Ti devo confessare una cosa. La gara che hanno trasmesso in televisione era una replica e io l'avevo già vista ieri, quindi sapevo che avrebbe vinto il cavallo bianco.
– Guarda – risponde l'amico tutto serio, – la verità è che anch'io ieri ho visto la stessa corsa in televisione, ma *mi sembrava che oggi il cavallo nero corresse più veloce!*

## ROSE ROSSE

Una ragazza racconta all'amica: – Il mio fidanzato, in ottobre, in occasione del nostro primo anniversario, mi ha regalato una bellissima rosa rossa. E poi mi ha anche detto che quando la rosa avrà perso tutti i petali, lui tornerà da me...
– Che romantico! Ma allora perché sei così triste?
– Perché è una rosa... *di plastica*!

## SISTEMA INFALLIBILE

Un tizio incontra un amico che non vedeva da un po'. L'uomo è molto demoralizzato e racconta che, per dimagrire, anziché prendere l'ascensore, ogni mattina dal mese di maggio è salito in ufficio usando esclusivamente le scale.
– Beh – gli dice l'altro, – ma perché sei così abbattuto? Il tuo sistema ha funzionato: siamo in ottobre e vedo che hai perso un bel po' di chili!
– Sì, ma ho anche *perso il lavoro perché arrivavo sempre in ritardo*!

## TARGA

Un tizio dice a un amico: – Io lavo la macchina solo una volta all'anno, in particolare in autunno… cominciando dalla targa!
– Perché proprio dalla targa? – gli chiede l'amico.
E il tizio: – *Per essere sicuro che sia la mia!*

## MARTELLATE

Alcuni operai stanno montando il telone per lo spettacolo di fine ottobre di una compagnia circense molto nota. All'improvviso uno di loro comincia a fare salti indietro, capriole, piroette e acrobazie.
Il direttore del circo accorre e dice all'operaio:
– Tu non sei adatto a fare questo lavoro, tu devi fare l'acrobata!
– Mi dispiace, signor direttore, ma non posso certo darmi una *martellata sulla mano* a ogni spettacolo!

## GUIDA LOCALE

In ottobre un famoso regista va nel deserto del Sahara per girare un film.
Un giorno la guida locale va da lui e gli dice: – Inutile prepararsi per domani: pioverà.
Il giorno dopo in effetti piove.
Qualche giorno dopo la guida torna dal regista e dice: – Inutile prepararsi per domani: ci sarà una tempesta di sabbia.
Il giorno dopo, puntualmente, arriva una tempesta di sabbia.
Tutti sono ammiratissimi.
Poi, per qualche giorno, la guida non comunica più niente.
Alla vigilia di una scena importante, il regista fa chiamare la guida: – Sono nelle tue mani – dice. – Domani devo girare la più importante scena del film: che tempo farà?
La guida scuote il capo.
– Non lo so, amico: *la radio è rotta*.

 AUTUNNO

## LOMBRICHI

Dopo una lunga giornata di pioggia, un lombrico esce dalla terra umida e si mette a insultare un altro: – Lo sai che sei proprio un *verme*?

## TORRE DI CONTROLLO

La torre di controllo chiede al pilota:
– C'è molta nebbia! Ci comunichi immediatamente la sua altezza e la sua posizione!
Il pilota: – *Ehm, sono alto 1,75 e sono seduto...*

## CURE PREVENTIVE

Un signore chiede al suo medico: – Dottore, che cosa posso fare per evitare di prendere di nuovo il raffreddore?
– *Tenga quello che ha!*

## L'ORDINAZIONE DEL RAGNO

È una tiepida sera autunnale.
Il ristorante del bosco è pieno di clienti.
La lucertola, che è l'unica cameriera del locale, si affanna a prendere le ordinazioni. Va al tavolo del grillo e gli dice: – Tu un filo d'erba verde, vero?
Un ragno, appena arrivato, cerca di farsi servire prima degli altri, ma la lucertola non gli dà ascolto. Va al tavolo della chiocciola e le domanda: – Tu una fogliolina d'insalata, vero?
Il ragno cerca ancora di richiamare l'attenzione della cameriera, che invece non lo degna di un'occhiata, va al tavolo dell'ape e le dice: – Tu una tazza di polline, lo so!
Il ragno batte più volte una posata sul bicchiere per farsi notare dalla cameriera che, ormai stanca della sua insistenza, gli va vicino e gli dice: – Tu *zitto e mosca*!

 AUTUNNO

## EFFETTI COLLATERALI

Una signora sta leggendo il foglietto di istruzioni di un nuovo medicinale che il medico le ha consigliato di prendere in previsione dell'arrivo dell'autunno.
– Ma come mai – gli chiede – ci sono indicati quaranta pericolosi possibili effetti collaterali?
– Ma signora, perché *gli altri non li hanno ancora scoperti!*

## INQUINAMENTO

Il dottore, dopo aver controllato le analisi di un signore che, con l'arrivo dell'autunno, lamenta un gran dolore al ginocchio, gli dice: – Ho due notizie per lei, una buona e una cattiva!
– Sentiamo prima la buona – dice l'uomo.
– Lei ha solo un po' d'acqua nel ginocchio – spiega il dottore.
– E la cattiva? – domanda il paziente.
E il dottore: – *L'acqua è inquinata...*

## CANALI

– Vorrei acquistare un televisore... – dice un signore distinto al commesso.
– Le consiglio questo – dice il venditore. – Ha più di cento canali!
– Cento canali? No, no, non lo voglio: questo autunno piovoso mi ha già portato tanta *umidità* in casa!

## REGALI INASPETTATI

Un signore va in cartoleria e chiede un'agenda e una penna.
– Mi faccia una confezione regalo – dice alla commessa. – È per il compleanno di mia moglie, compie gli anni a fine novembre.
– Sarà una bella sorpresa, per la sua signora – commenta la donna.
– Oh, sì! Lei si aspetta *una collana d'oro*!

# AUTUNNO

## COMUNICAZIONE UN PO' SCARSA!

Un figlio, lontano da casa da diversi mesi, torna dall'università per un solo weekend.
Curioso di sapere come se la sta passando, il padre gli chiede: – Allora, come vanno le cose?
– Bene – risponde il ragazzo.
– Com'è il vitto?
– Buono.
– E il dormitorio?
– Bello.
– I tuoi compagni sono simpatici?
– Sì.
Allora il padre, visto che il figlio è di così poche parole, continua con le domande: – So che c'è una squadra di calcio molto forte. Ne fai parte anche tu?
– Sì.
– E come sta andando il campionato quest'anno?
– Bene.
– E come procedono i tuoi studi?
– Bene.
– Hai deciso quale sarà il soggetto della tua tesi?
– Sì.
– Allora, dimmi, quale sarà?
– *Comunicazione*!

## SCARAFAGGI CERCANSI

Un tizio nel mese di ottobre va dall'affittacamere per liquidare il conto dopo un anno di permanenza.
– Ecco, questi sono i soldi e le chiavi... Ora mi sa dire, per favore, dove posso trovare un centinaio di scarafaggi?
– Un centinaio di scarafaggi? E a che cosa le servono? – domanda quello stupido.
– Beh, sa... lei mi aveva detto di lasciare la stanza *esattamente come l'ho trovata...*

## METÀ MANCANTE

Tino incontra l'amico Ottavio e nota che ha l'aria molto abbattuta.
– Che cosa ti succede? – gli domanda.
– Oggi devo dare l'anticipo per l'appartamento che voglio comprare entro fine novembre – spiega l'altro, – ma mi manca metà della somma.
– Beh, intanto dagli l'altra metà! – gli consiglia Tino.
Ma Ottavio ribatte: – *Ma è proprio quella che mi manca!*

# AUTUNNO

## CADUTA DEI CAPELLI

In autunno avviene una naturale caduta dei capelli: qual è l'unica cosa in grado di arrestarla?
*Il pavimento*!

## VERNICE SEMPRE PIÙ LONTANA

Un operaio deve dipingere le strisce bianche in mezzo alla strada prima che arrivi l'inverno. Il primo giorno ne dipinge due chilometri, il secondo giorno un chilometro e mezzo, il terzo giorno nemmeno un chilometro. A quel punto il capo lo riprende: – Allora? Battiamo la fiacca?
– Niente affatto, signore – risponde l'operaio.
– Solo che a mano a mano che vado avanti, *la latta della vernice è sempre più lontana…*

# PROBLEMI DI VISTA?

- Ehilà, ti vedo bene oggi!
Non c'è più la nebbia!
- Ieri non c'era la nebbia,
è che *non* avevi gli occhiali!

## FRECCE A INTERMITTENZA

Una pantegana babbea dice a un amico: – Scendi dall'auto e controlla se le frecce funzionano! Con questa nebbia è meglio accertarsene.
L'amico scende, si concentra, guarda attentamente l'auto davanti, dietro, e poi conclude soddisfatto:
– *Ora sì, ora no, ora sì, ora no!*

## BEETHOVEN

Due contadini, mentre raccolgono il grano, discutono:
– Sai, sto insegnando alla mia pecora a parlare!
– Davvero?
– Sì, ho cominciato dal nome di un noto compositore, Beethoven... solo che per il momento dice solo *Bee*...

## DOMANDA E RISPOSTA

Il paracadutista: – Scusi, c'è molta nebbia e non vedo niente. Mi saprebbe dire dove sono?
Il contadino: – *Su un albero*!

## VALIGIA PESANTISSIMA!

Un passeggero scende dal treno con una valigia pesantissima. Piove a dirotto e tira un vento forte.
Va al posteggio dei taxi e chiede a un tassista:
– Quanto costa trasportare una valigia?
– Un euro!
Lui: – Allora mi porti la valigia alla Pensione Mariuccia. *Io prendo il metrò*!

# AUTUNNO

## OCCHI

Il maestro il primo giorno di scuola chiede a un alunno: – Allora, dimmi, quanti occhi abbiamo?
Lui ci pensa un attimo, poi finalmente risponde:
– Quattro!
– Ma no! Assurdo! – grida il maestro.
L'alunno insiste: – Quattro, signor maestro: *due lei e due io*!

## CON QUESTI PREZZI!

Un ippopotamo entra in un bar e chiede una spremuta. Il barista gliela serve, poi gli presenta il conto: cinque euro.
Intanto dice, perplesso: – Ma lo sa che è la prima volta che vedo un ippopotamo nel mio bar?
– *Con questi prezzi, non mi stupisco proprio!* – ribatte l'ippopotamo.

## OTTANTATRÉ ANNI

Una signora anziana si è presa un raffreddore stagionale, così va dal dottore che le chiede: – Quanti anni ha?
– Ottantatré!
Il dottore: – Dica trentatré!
Lei: – Ma no, dottore, *tanto non mi crederebbe nessuno*!!!

## GIOVANISSIMI PULCINI

Sul treno Firenze-Catania un signore viaggia con dei pulcini in una cesta.
– Non può portare animali in treno! – lo ammonisce il controllore.
– Lo so, ma quando sono partito era il 4 di novembre ed *erano ancora delle uova*!!!

 AUTUNNO

## GEMELLI QUASI IDENTICI

Ciccio dice a Gigio: – A settembre mi sposo!
Gigio: – Ma davvero? E la tua futura moglie è carina?
– Molto carina.
– Ed è simpatica?
– Molto simpatica. A proposito, è gemella!
– Ah sì, e come farai a non confonderla?
– Ah, è facile: *suo fratello gemello ha i baffi*!!!

## MEZZI DI TRASPORTO

A settembre la piccola Elisa chiede al papà: – Papà... mi compri il dizionario per andare a scuola?
– Ma che storia è questa? A scuola ci devi andare *a piedi*!

## ONESTÀ

Un tale dai gusti molto difficili entra in un negozio per acquistare una camicia pesante prima che arrivi il freddo dell'inverno. Dopo averne viste tante, ne sceglie una e domanda un po' diffidente al commesso: – Ma è sicuro che sia tutta di pura lana?
– Beh – ribatte l'altro, – non voglio certamente imbrogliarla: *i bottoni no*!

## GIARDINAGGIO

Perché una pantegana babbea rischia di cadere raccogliendo le foglie secche autunnali?
Perché al posto di rastrellare per terra, *sale sull'albero a raccoglierle*!

## PELLE D'OCA

Una signora va dal medico, gli mostra il braccio e gli dice tutta preoccupata:
– Dottore, dottore ho sempre la pelle d'oca, che cosa posso fare?
Il medico, con aria serafica, le risponde: – Aspetti l'autunno e *migri a sud*!

## DONO DI COMPLEANNO

La zia Clotilde chiede alla sua nipotina Arianna:
– Ormai è quasi il 20 di novembre. Che cosa regalerai al tuo fratellino per il suo compleanno?
Arianna ci pensa un momento, poi risponde: – Non saprei. L'anno scorso gli ho dato *il morbillo*.

# AUTUNNO

## FUNGHI GIGANTI!

In autunno, due grandi bugiardoni si incontrano e, per vantarsi, il primo dice: – Pensa, nel mio paese i funghi sono alti quanto gli alberi.
Il secondo ribatte: – Figurati che nel mio *sono addirittura gli alberi che nascono sotto i funghi!*

## PESCI SILENZIOSI

È appena iniziata la scuola, Paolo deve fare una ricerca di scienze e interroga zio Gabriele.
– Zio, perché i pesci sono muti?
– Che domande! Prova tu a parlare *con la bocca piena d'acqua!*

## LISTA DEI REGALI

La piccola Clara va dal padre e gli mostra un lungo elenco: – Tieni, papà! È una lista delle cose che vorrei in regalo per il mio compleanno.
– Ma siamo in ottobre e al tuo compleanno mancano almeno sette mesi – obietta il babbo.
– Lo so – replica tranquilla la bambina. – *Ho tutto il tempo per scrivere anche le altre!*

## DOPPIA FATICA

Sotto una pioggia autunnale, due fattorini trasportano dalla strada al palazzo un pesante armadio. Arrivati al quarto piano improvvisamente si aprono le ante e da lì esce un loro collega.
– Che cosa facevi là dentro? – gli chiedono sbigottiti.
– *Tenevo fermi gli appendiabiti!*

## CREME PER IL VISO

La signora Babbeotto va a comprare un po' di creme di bellezza.
La commessa della profumeria le consiglia: – Prenda anche questa. È una novità: una crema per lavare il viso alle albicocche!
E la signora Babbeotto: – Ma le albicocche *non hanno il viso!*

# AUTUNNO

## RANA CURIOSA

Una rana curiosa salta nel prato pieno di foglie secche cadute dagli alberi. Incontra un animale e gli chiede:
– Tu chi sei?
E l'animale risponde: – Sono il cane lupo.
E la rana ancora: – Perché ti chiami così?
E l'altro risponde: – Perché mio padre è un cane e mia madre è una lupa.
La rana se ne va. Quando incontra un altro animale, gli chiede: – Chi sei?
E l'animale risponde: – Sono una zanzara tigre.
E la rana sghignazza: – *Ma figurati!*

## PRESUNTUOSO!

Il pulcino più presuntuoso del pollaio si vanta con tutte le pulcine.
Un giorno ne incontra una più furba delle altre.
– Vieni a fare una passeggiata con me, bella pulcina! Guarda che bei colori autunnali ci sono!
– Un'altra volta – risponde la pulcina.
Il pulcino si arrabbia: – Non sai cosa ti perdi. Rinunci al pulcino migliore del pollaio!
La pulcina gli dà uno schiaffo e dice: – *Così la smetti di fare il galletto!*

# INVERNO

INVERNO

## ABETE

Che cosa può succedere a un abete nel giorno di Natale?
Può essere *conciato per le feste*!

## GIOCATORE DI SCACCHI

In una fredda giornata di dicembre, un signore entra in un bar seguito da un bel cane.
Chiede che gli si porti una scacchiera. Quindi fa sedere il cane e comincia a giocare a scacchi con lui. Le partite si susseguono con grande meraviglia dei presenti. Qualcuno finalmente esprime l'ammirazione di tutti: – Signore, mi complimento con lei. Il suo cane è un genio!
– Chi, lui? – risponde il signore di malumore. – Ma mi faccia il piacere, su quattro partite *ne ha perse tre*!

## DOMANDE... IMPOSSIBILI!

È quasi la fine del primo quadrimestre e durante un'interrogazione di scienze naturali la maestra chiede al piccolo Roberto: – Dunque Roberto... ti faccio una domanda facile facile: sapresti dirmi dove si possono trovare gli elefanti?
E Roberto, con aria distratta, risponde: – Vediamo... dove li ha visti l'ultima volta, *prima di perderli?*

## TASSISTA E PASSEGGERO

Una signora deve partire per la settimana bianca in montagna e si fa portare in taxi alla stazione.
Giunta a destinazione, chiede al tassista il prezzo della corsa.
– 20 euro – fa quello.
E quando la signora gliene offre solo 10, se ne accorge e protesta: – Ehi, le ho detto 20 euro!
– Ho sentito... ma visto che ha viaggiato anche lei, *paghi la sua parte!*

# ACCIACCHI ANTICHI

- Sono raffreddato...
- Dica XXXIII...

## ALTRA POSSIBILITÀ

Grande raduno delle pantegane babbee in uno stadio affollatissimo, in collegamento eurovisione con dieci Paesi. Dopo le cerimonie iniziali, il presidente dice:
– E ora voglio sfatare un mito: che le pantegane siano babbee. Ora chiamerò una di voi, a caso, e le farò delle domande. Tu laggiù, per esempio, vieni sul palco!
Sale sul palco, emozionata, una giovanissima pantegana.
– Ora rispondi: quanto fa due più tre?
La pantegana preoccupata risponde: – Quattro!
Momento di gelo. Il presidente è imbarazzatissimo. All'improvviso, sugli spalti, le altre pantegane iniziano a scandire: – Dalle-un'altra-pos-si-bili-tà, dalle un'altra possibilità!
– Effettivamente – riconosce il presidente – può essere l'emozione, diamole un'altra possibilità.
Allora, quanto fa due più tre?
La pantegana impallidisce, stringe i denti e prova a dire: – Sei.
Nuovo gelo.
Di nuovo dagli spalti il coro: – Dalle-un'altra-possi-bili-tà, dalle un'altra possibilità!
– Ok – dice il presidente, – ma è l'ultima. Allora, concentrati: quanto fa due più tre?
La pantegana si concentra, diventa tutta rossa e infine urla: – Cinque!

INVERNO

## UNA STORIA VERA

Tre turisti arrivano in un albergo ultramoderno di una nota località sciistica.
Il portiere si scusa con loro: – La vostra camera è al cinquantesimo piano, ma purtroppo l'ascensore non funziona. Dovrete salire a piedi.
I tre amici, sconsolati, si avviano su per le scale. Per distrarsi dalla fatica, decidono di raccontare una barzelletta a testa. La barzelletta del primo dura fino al ventesimo piano. Quella del secondo fino al quarantesimo. Poi è la volta del terzo: – La mia è breve, ma a differenza delle vostre è una storia vera: *abbiamo lasciato le chiavi della camera al pianterreno*!

## LA POLVERE ANTI-ELEFANTI!

Una nebbiosa mattina d'inverno a San Francisco.
Lungo una strada molto ripida sale lentamente un camioncino rosso, che stende sull'asfalto una polverina gialla.
Un vigile lo ferma: – Scusi, che cosa sta facendo?
– Sto spargendo la polvere anti-elefanti!
– Ma lo sanno tutti che non ci sono elefanti a San Francisco!!!
– Infatti: *vede che funziona?*

# CORIANDOLI

– No, non te li compro più i coriandoli: l'anno scorso li hai buttati via tutti!

## RISPOSTA STRAMPALATA

Due topine fanno merenda in una pasticceria.
– Due cioccolate senza panna, per favore...
– Mi dispiace, la panna l'abbiamo finita. Se volete vi posso dare due cioccolate *senza latte*...

## RETROMARCIA

Una macchina guidata da un signore sale a marcia indietro su una stretta e tortuosa stradina di montagna tutta innevata. – Scusi la curiosità – dice un contadino, – perché sale a marcia indietro?
– Perché mi hanno detto che in cima non c'è spazio per poter girare!
Dopo un po' il contadino vede ridiscendere l'auto, sempre a marcia indietro, con grandissima difficoltà.
– Scusi – chiede, – perché torna a marcia indietro?
– *Perché il posto per girare c'era, eccome se c'era!*

## FASPS FASPS!

Una pantegana sta guidando sulla neve. Un suo amico le legge le indicazioni sulla strada e a un certo punto propone: – Senti, per fare più in fretta, anziché dire 'Curva A Sinistra' dirò 'CAS', anziché dire 'Curva A Destra' dirò 'CAD', va bene?
– Ok! – dice la pantegana alzando il pollice.
L'amico mormora: – CAS... CAD...
Poi urla: – FASPS FASPS FASPS!
Urto tremendo. I due vanno a sbattere contro un muro e si svegliano in ospedale, bendati e ingessati dalla testa ai piedi.
La pantegana apre faticosamente gli occhi e sussurra:
– Ehi... senti un po'... ma... che cosa... voleva dire... FASPS???
L'amico mormora: – *Frena Accidenti Stiamo Per Sbattere!*

## MARINAI

Dove vanno i marinai quando fa freddo?
*Sotto coperta!*

INVERNO

## ATTENTI!

È una fredda giornata di pieno inverno. Un tizio passa in un quartiere residenziale e vede un suo amico. Questo è fermo sul vialetto di una villetta davanti a un cagnolone, altrettanto immobile, che lo fissa incuriosito. L'amico, che ha da poco finito il servizio militare, se ne sta immobile a testa alta.
Il tizio, incuriosito, gli si avvicina e gli domanda:
– Ehi, cosa fai lì in quella posizione?
E il giovane: – Obbedisco al cartello. C'è scritto *'Attenti al cane'*!

## EQUIVOCI

– Lei non ha alcuna influenza invernale, lei è forte come una quercia. Ma perché è venuto da me?
– Sono il falegname, dottore, ed ero venuto *a ripararle l'armadio*...

### RICETTA PER DUE

Una signora entra in una libreria: – Vorrei un libro di ricette invernali, tipo zuppe e cose così...
– Lo vuole grande o piccolo?
E la signora: – Mah, piccolo!
*Siamo solo io e mio marito!*

### INTERROGAZIONE

L'ultimo giorno di scuola prima delle vacanze natalizie, la maestra di matematica chiede a Nicola: – Allora Nicola, se tu metti la mano nella tasca sinistra del grembiule e trovi cinquanta euro... poi metti la mano nella tasca destra e trovi cento euro... che cos'hai?
Nicola, pronto: – ... *il grembiule di qualcun altro*, signora maestra!

INVERNO

## DESIDERIO REALIZZATO

Un giovanissimo scrittore trova abbandonata tra la neve una lampada magica.
Appena la strofina esce un genio che gli offre di realizzare un suo desiderio.
– Beh – dice il ragazzo, – vorrei tanto poter scrivere parole che facciano emozionare, che facciano urlare, insomma... che riescano a sconvolgere i miei lettori!
– Ok, non c'è problema – gli dice il genio.
E così il ragazzo viene assunto in una società di computer, *impegnato nell'inviare ai clienti messaggi sulla presenza di virus...*

## POSTA AEREA

Il piccolo Tommaso se ne sta davanti alla finestra aperta a guardare il cielo.
La mamma, incuriosita, gli si avvicina e gli domanda:
– Che cosa stai facendo?
– La nonna ha detto che mi avrebbe spedito una lettera per Natale per via aerea – spiega Tommaso, – perciò sto aspettando che arrivi il postino *col paracadute!*

## BRACCIO SINISTRO

Un tipo cade rovinosamente sulla neve e viene portato al pronto soccorso.
Il dottore: – Uhm... le fa male se tocco qui?
– No.
– E se tocco qui?
– Neanche.
– E... se invece tocco qui?
– Neppure!
– Se tocco qui, qui e qui?
– Niente di niente! Però, dottore, guardi che non mi sono fratturato la gamba destra, ma il *braccio sinistro*!

## NAPOLEONE BONAPARTE

Verso la fine del primo quadrimestre, la maestra interroga Giovanni in storia.
– Dimmi: quand'è morto Napoleone Bonaparte?
E Giovanni, sorpreso: – Oh, è morto? Ma davvero? Poverino! *Non sapevo neppure che fosse malato*!

**INVERNO**

## IMPORTANTISSIMO

Una segretaria sta per uscire dall'ufficio una sera di dicembre, quando vede un manager davanti alla macchina che tritura i documenti.
Lui le chiede gentilmente: – Lei saprebbe far funzionare questo aggeggio, per favore?
La segretaria infila il foglio e la macchina incomincia a ridurlo in sottili striscioline.
– Che fortuna che lei sia passata qui davanti! – dice il manager. – Pensi, *è un documento davvero prezioso, importantissimo e dovevo fare una fotocopia di sicurezza, ma la macchina non si avviava mai...*

## GRUNF

Babbiolo Babbalocchi, un impiegato babbeo, va dal capoufficio e gli dice: – Signor direttore, da Natale vorrei un aumento!
Il direttore: – Neanche per sogno! Non se ne parla nemmeno! Impossibile!
Babbalocchi allora ribatte: – Grunf, se non me lo può aumentare, lo stipendio... perché almeno non me lo dà *più spesso???*

# LIBRAIO SPIRITOSO!

– Vorrei un libro di viaggi molto breve e facile.
– Ho quello che fa per lei, signora: ecco l'orario dei treni...

## QUANTO COSTA?

I signori Taccagnini vanno in un rinomato ristorante di una nota località sciistica. Si siedono a un tavolo e domandano al cameriere: – Sono abbastanza economici, qui, i primi piatti?
– Sì, signore – risponde gentilmente l'uomo.
– E la carne?
– Economicissima, signore.
– I contorni?
– Anche quelli.
– E le bevande?
– Costano pochissimo. E, stia tranquillo – aggiunge il cameriere esasperato, – le farò anche *uno sconto sulla mancia!*

## ALLA LETTERA

– Ti amo, Elisabetta, concedimi la tua mano il prossimo inverno.
– Anche io ti amo, caro, ma poi… *come farò con una mano sola* per il resto dell'anno?

## HOSTESS

Una lunghissima fila di passeggeri sta salendo su un aereo diretto oltreoceano per festeggiare il Capodanno. Tutti si accomodano e attendono pazienti la partenza. Dopo qualche tempo, l'aereo non parte e i viaggiatori iniziano a borbottare, finché la hostess accende il microfono e si rivolge ai passeggeri dicendo: – Signore e signori, vi avviso che decolleremo tra pochissimi minuti, *appena il comandante avrà capito quale pulsante deve premere fra quelli sul cruscotto!*

## FARMACIA

Un signore entra in farmacia e dice: – Devo partire per la settimana bianca e vorrei acquistare un tubetto di dentifricio...
– Che marca preferisce?
– Non saprei...
– Ecco, questo rinforza le gengive, quest'altro profuma l'alito, questo è digestivo, con questo ha in omaggio uno spazzolino...
– Mi scusi... – lo interrompe perplesso il signore,
– *ma non ne avrebbe uno che pulisca i denti?!*

INVERNO

## QUALCOSA DI CALDO

In pieno inverno una signora entra in un bar.
– Potrei avere qualcosa di caldo?
– Certo... le va bene *un cappotto*?

## CREDEVO...

La famiglia Babbeotto è tutta riunita per il pranzo della domenica.
Si parla un po' di tutto, finché l'argomento si sposta sulla scuola e sulle maestre.
Giorgio allora dice al padre: – Sai, papà, quando ero piccolo credevo che le maestre ci abitassero proprio, nella scuola!
E il genitore: – Perché, *dove abitano invece*?

LE PIÙ BELLE BARZELLETTE PER OGNI STAGIONE

## ANNO NUOVO... VITA NUOVA?

Il papà rimprovera il figlio che gli ha appena disubbidito: – Ogni volta fai i buoni propositi di gennaio, ma poi non li mantieni mai! Quest'anno, che cosa ci sarà di diverso?
E il figlio: – Ho fatto il proposito... di *non fare mai più propositi!*

## DENTISTA

Subito dopo le festività natalizie, un signore dalla bocca particolarmente larga si reca dal dentista.
Il medico, dopo averlo fatto accomodare in poltrona, per tranquillizzarlo gli dice: – Non si preoccupi, non importa che la tenga così spalancata, la bocca!
– Ma, dottore... deve infilarci le pinze, vero? – obietta il signore.
E il dottore: – Sì, *ma io rimango fuori!*

INVERNO

## MUSEO ARCHEOLOGICO

Ore 20.30 di un freddo dicembre. Al museo squilla improvvisamente il telefono del custode.
– Mi scusi, a che ora apre il museo archeologico domani mattina?
– Alle 10!
– Grazie.
Ore 23.30. Di nuovo il telefono.
– Scusi, a che ora apre il museo domani?
– Alle 10, come le ho detto prima!
Ore 24.30. Ancora il telefono.
– Ehm... sono ancora io... è sicuro che il museo aprirà alle 10 domani?
– Sì! Alle 10 potrà entrare!
– Veramente non voglio entrare: sono rimasto chiuso dentro questo pomeriggio e *vorrei tanto poter uscire...*

## RITARDO

Una giovane impiegata arriva tardi al lavoro e con aria affranta dice al capoufficio: – Mi scusi, purtroppo con questa neve stamani ho perso l'autobus!
L'uomo, assorto nella lettura di un importante documento, commenta: – Va bene, va bene... *ma poi l'ha ritrovato?*

## PESCA SUL GHIACCIO

Distesa di ghiaccio. In mezzo una pantegana babbea, seduta su uno sgabello, fa un buco e ci infila la lenza. A un tratto sente una voce glaciale, rimbombante, che dice: – Non ci sono pesci, qui...
La pantegana si ferma, si guarda attorno, ma non vedendo nessuno butta ancora la lenza nel buco. Poco dopo sente di nuovo la voce: – Non ci sono pesci, qui...
Questa volta, spaventata, la pantegana grida: – Ma insomma, chi parla?
Risponde la voce dall'altoparlante: – *Il direttore della pista di pattinaggio!*

## ORSO POLARE

Un orsetto polare chiede alla mamma:
– Mammina, che razza di orso sono io?
– Sei un orso polare, tesoro.
– Sei sicuro che non sia un koala?
– Certo! Perché hai questi dubbi?
– *Perché ho freddo!*

# INVERNO

## BRIVIDI DI FREDDO

Conversazione tra due anziani roditori.
– Dunque, stavi dicendo di aver avuto i brividi questa notte...
– Sì.
– Ma ti battevano i denti?
– No! Quelli li avevo *sul comodino*!

## SETTIMANA BIANCA

Qual è la malattia che si ha al ritorno dalla settimana bianca?
La *sciatica*!!!

## FALSA MODESTIA

Una bambina, soddisfatta, dice a un amichetto: – Io ho smesso di essere vanitosa *quando ho capito di essere perfetta*!

## SCI

L'istruttore di sci agli allievi: – Voi che state imparando a sciare dovrete affrontare tre momenti particolarmente difficili: Primo: imparare a stare sugli sci. Secondo: imparare a fermarsi.
Terzo... Il terzo è il più difficile, *stare immobili quaranta giorni con la gamba ingessata...*

## OGGETTI ANTI FREDDO

Un tale osserva la vetrina di un negozio per un po', poi si decide a entrare. Si avvicina a un commesso e chiede: – Quanto costano quelle fisarmoniche in vetrina?
Il commesso, un po' perplesso, risponde: – Veramente, *noi vendiamo solo termosifoni!*

# INVERNO

## FIAMMIFERI

Un tipo con l'erre moscia va al supermercato e chiede al commesso: – Scusi, devo accende*ve* il caminetto, dove sono i fiammife*vi*?
Il commesso: – Diceva?
– No, *di legno*!

## INVERNO

Perché d'inverno i gatti preferiscono rimanere tutto il giorno in casa?
Perché fuori c'è un *freddo cane*!

## LA RICETTA

Il signor Babbeotto rientra a casa dopo una visita dal dottore per una brutta caduta sulla neve.
– Allora – gli domanda la moglie, – che cosa ti ha detto?
– Mi ha prescritto una pomata – risponde l'uomo estraendo dalla tasca un tubetto. Poi esce fuori sul marciapiede e comincia a stenderne un po' per terra. Alla moglie, che lo ha seguito, spiega: – Mi ha detto di *spalmarla nel punto dove ho battuto*.

## PARCHEGGIO QUASI PERFETTO!

Sta iniziando a nevicare e il Signor Sbandi chiede al figlio, guidatore principiante, di mettere l'auto nel box. Il figlio, dopo molte manovre, ci riesce senza causare danni.
– Papà, vieni a vedere! – grida tutto felice. – Ce l'ho fatta, guarda! Neanche un graffio!
Il papà, uscito dalla villetta dove abitano, gli sorride comprensivo: – Meno male, figliolo… perché quello dove hai parcheggiato l'auto è il *box dei nostri vicini!*

## CAMPI DA SCI

Che cosa cade sui campi da sci senza farsi male?
*La neve!*

## INVISIBILE

Qual è il colmo per l'uomo invisibile?
Mettersi *troppo in vista!*

INVERNO

## SENZA PROBLEMI

Il circolo culturale delle pantegane babbee decide di effettuare una grande spedizione scientifica che parta in dicembre e termini in gennaio. Così convoca i giornalisti per annunciarla: – Andremo sul Sole!
Un giornalista chiede stupefatto: – E come riuscirete ad andarci, con il calore che emana?
– Ci riusciremo senza problemi: *andremo di notte...*

## BIGLIETTO, PREGO

Un tipo sale su un tram. Chiede al bigliettaio: – Un biglietto, prego!
Intanto mormora tra sé: – Ah, con questo freddo mi è venuto un gran mal di testa. Ma speriamo *che passi...*
Il bigliettaio gli dà due biglietti.
Il tipo chiede: – Due biglietti? Perché due?
– Perché il suo mal di testa è... *passeggero!*

## PERCHÉ...

Perché i pinguini al Polo Sud non possono fare amicizia?
*Perché non possono... rompere il ghiaccio!*

## DOMENICA SERA

Il capoufficio a un suo collaboratore.
– Signor Rossi, la sera di domenica 16 dicembre è libero?
– Oh, sì! – dice lui sorpreso.
– Non ha impegni?
– Oh, no! – risponde il dipendente sperando in un invito a cena.
– Bene, allora per una volta tanto... *cerchi di essere puntuale lunedì mattina!*

## PANE

Qual è il pane più costoso del mondo?
Il pan*doro*!

INVERNO

## DISTANZA

Gianni e Sandro sono in montagna. Passa un po' distante uno sciatore che saluta Sandro. Gianni, incuriosito, gli domanda: – Lo conosci?
– Sì – dice Gianni un po' infastidito. – È un parente alla lontana... mio cognato.
– Ma... il marito di tua sorella non è certo un parente alla lontana!
– Lo è, da quando gli ho detto di *girarmi alla larga*!

## FERMATA SPECIALE

Su un pullman, una signora si avvicina preoccupata all'autista e chiede: – Scusi, autista, anche se sta nevicando questo pullman ferma al fiume?
– Se non lo farà, *ci sarà di sicuro un bel tonfo*!

## DAINI

Un daino chiede a un altro daino: – Giochiamo a nascon*daino*?
E l'altro daino risponde: – *Dai, no!*

## OCCHIALI DA LETTURA

Nevica incessantemente da due giorni. Un tale, tutto infreddolito, entra in un negozio di ottica e dice al proprietario: – Mi potrebbe dare un paio di occhiali per leggere, per cortesia?
– Certo! – esclama quello. – Mi spiace che sia uscito con questo tempaccio, perché gliene ho venduto un paio due giorni fa.
– È vero, però *quelli li ho già letti tutti.*

INVERNO

## FANTASMA

Qual è il colmo per un fantasma?
Girare con la *termocoperta*, anziché con un lenzuolo,
perché fa troppo freddo!

## PASSAGGIO

Un vigile ferma un'auto.
Alla guida c'è un cane.
A fianco del cane, un signore.
Il vigile esclama severamente: – Ah, lei fa guidare il cane con questa neve?
Il tizio ribatte alzando le spalle:
– Mah, a dire il vero, io gli ho solo chiesto *un passaggio*!!!

## FOTOGRAFO

Che cosa fa un fotografo al Polo Nord?
Cerca di *mettere a fuoco* un ghiacciaio!

## QURZITTIS

Un signore entra in una famosa pasticceria in centro città e, rivolgendosi alla commessa, chiede cortesemente: – Signorina, scusi... vorrei un grossissimo *qurzittis* alla menta.
E la commessa, per tutta risposta: – Un qurzittis... *alla che?*

## UNNI

Verso la fine del primo quadrimestre, la maestra interroga in storia e chiede a Lisa: – Lisa, qual era il motto di Attila, il famoso re degli Unni?
– *Unno per tutti, tutti per Unno!*

## COME STA?

Il medico chiede a un paziente: – Allora, passata l'influenza? Come sta?
Il paziente protesta: – Come sto? Ma io sono venuto qui *perché me lo dicesse lei!!!*

INVERNO

## RADICCHIO

Una pantegana babbea entra dall'ortolano e chiede al commesso: – Mi dia un radicchio invernale, per favore.
– Comune?
– *Bolzano*!

## CONTADINO RAFFREDDATO

Qual è il colmo per un contadino raffreddato? Soffiarsi il naso in un *fazzoletto di terra*!

## PURA LANA

Tra contadini: – Bortolo, vorrei comprare la tua pecora per l'inverno, ma è troppo cara.
– Cara? Ma stai scherzando? Guarda che pelame, *è tutta pura lana al cento per cento*!

# A FINE QUADRIMESTRE

– Simone, se vuoi che ti promuova, devi almeno dirmi qualcosa...
– *Qualcosa!*

INVERNO

## CIOCCOLATA

– Cameriere, c'è un insetto che sta affogando nella mia cioccolata!
– Accidenti, lo sapevo che non aveva ancora *imparato a nuotare*!

## QUADRIMESTRE DIFFICILE!

Alla fine del quadrimestre Giulio riceve la pagella, dove vede dei voti bassissimi.
Allora chiede alla maestra: – Scusi, ma in queste materie secondo me non meritavo zero...
La maestra: – Neanche secondo me, ma purtroppo *non c'è un voto più basso*!

# Geronimo Stilton

**STORIE DA RIDERE**

1. Il misterioso manoscritto di Nostratopus
2. Un camper color formaggio
3. Giù le zampe, faccia di fontina!
4. Il mistero del tesoro scomparso
5. Il fantasma del metrò
6. Quattro topi nella Giungla Nera
7. Il mistero dell'occhio di smeraldo
8. Il galeone dei Gatti Pirati
9. Una granita di mosche per il Conte
10. Il sorriso di Monna Topisa
11. Tutta colpa di un caffè con panna
12. Il mio nome è Stilton, Geronimo Stilton
13. Un assurdo weekend per Geronimo
14. Benvenuti a Rocca Taccagna
15. L'amore è come il formaggio...
16. Il castello di Zampaciccia Zanzamiao
17. L'hai voluta la vacanza, Stilton?
18. Ci tengo alla pelliccia, io!
19. Attenti ai baffi... arriva Topigoni!
20. Il mistero della piramide di formaggio
21. È Natale, Stilton!
22. Per mille mozzarelle... ho vinto al Tototopo!
23. Il segreto della Famiglia Tenebrax
24. Quella stratopica vacanza alla pensione Mirasorci...
25. La più grande gara di barzellette del mondo
26. Halloween... che fifa felina!
27. Un vero gentiltopo non fa... spuzzette!
28. Il libro-valigetta giochi da viaggio
29. L'isola del tesoro fantasma
30. Il Tempio del Rubino di Fuoco
31. La maratona più pazza del mondo!
32. Il libro dei giochi delle vacanze
33. Il misterioso ladro di formaggi
34. Uno stratopico giorno... da campione!
35. Quattro topi nel Far West!
36. In campeggio alle Cascate del Niagara
37. Ahi ahi ahi, sono nei guai!
38. La vita è un rodeo!
39. La Valle degli Scheletri Giganti
40. È arrivata Patty Spring!
41. Salviamo la balena bianca!
42. Lo strano caso della Pantegana Puzzona
43. Lo strano caso dei Giochi Olimpici
44. Ritorno a Rocca Taccagna
45. La Mummia senza nome
46. Lo strano caso del vulcano Puzzifero
47. Agente segreto Zero Zero Kappa
48. Lo strano caso del tiramisù!
49. Il Mistero degli Elfi
50. Il segreto del Lago Scomparso
51. Te lo do io il Karate!
52. Non sono un supertopo!
53. Il furto del Diamante Gigante
54. Ore 8: a scuola di formaggio!
55. Chi ha rapito Languorina?
56. Non mi lasciare, Tenebrosa!
57. La corsa più pazza d'America!
58. Attacco alla statua d'oro!
59. Lo strano caso del Sorcio Stonato
60. Il tesoro delle Colline Nere
61. Il mistero della perla gigante
62. Sei ciccia per gatti, Geronimo Stilton!
63. Che fifa sul Kilimangiaro
64. Lo strano caso del fantasma al Grand Hotel
65. Il mistero della gondola di cristallo
66. Brodo di topo... e ghigni felini
67. Lo strano caso del calamarone gigante
68. Il segreto dei tre samurai
69. Datti una mossa, Scamorzolo!
70. Da scamorza a vero topo... in 4 giorni e mezzo!
71. Lo strano caso della Torre Pagliaccia
72. Lo strano caso del ladro di notizie
73. Sei in trappola Geronimo Stilton!
74. Il mostro di Lago Lago
75. C'è poco da ridere, Stilton
76. S.O.S. c'è un topo nello spazio!
77. La Banda del Gatto
78. Grosso guaio in Mato Grosso
79. Giù le zampe dal mio oro!
80. Viaggiare... che passione!
81. Ingrana la marcia, Stilton!
82. Inseguimento a New York
83. Ci mangeremo Geronimo Stilton
84. Che vacanza a Rocca Taccagna!
85. Il ladro di croste

86. Dov'è sparito Falco Rosso?
87. Geronimo cerca casa
88. Il tesoro di Valle Valgatta
89. La gara dei supercuochi
90. Lo strano caso dei brufoli blu
91. Il mistero delle sette matrioske
92. Caccia al libro d'oro
93. Il tesoro di Rapa Nui
94. C'è un pirata in internet
95. Una tremenda vacanza a Villa Pitocca!
96. Lo strano caso dei formaggi strapuzzoni
97. Il mistero del papiro nero
98. Allarme... topo in mare!
99. Appuntamento... col mistero!
100. Il castello delle 100 storie
101. Il mistero del rubino d'Oriente
102. Operazione panettone
103. Un topo in Africa
104. La magica notte degli Elfi
105. Il mistero del violino scomparso
106. Lo strano caso del ladro di cioccolato
107. Finale di Supercoppa... a Topazia!

I PREISTOTOPI
1. Via le zampe dalla pietra di fuoco!
2. Attenti alla coda, meteoriti in arrivo
3. Per mille mammut, mi si gela la coda!
4. Sei nella lava fino al collo, Stiltonùt!
5. Mi si è bucato il trottosauro!
6. Per mille ossicini, vai col brontosauro!
7. Dinosauro che dorme non piglia topi
8. La tremenda carica dei Tremendosauri
9. Mordosauri in azione, pericolo estinzione!
10. Cadono notizie da urlo, Stiltonùt!
11. Trottosauro contro ostrica mannara
12. Polposaura affamata... coda stritolata!
13. Per mille pietruzze... il gonfiosauro fa le puzze!
14. Ahi ahi Stiltonùt, è finito il latte di mammut!
15. Non svegliate le mosche Ronf Ronf!
16. Chi mi ha rubato l'acqua del fiume?
17. L'bominevole ratto delle nevi
18. Pericolo giurassico: piovono meteoriti!
19. La grande sfida dei preistocuochi
20. Inizia la sfilata... figuraccia assicurata!
21. Il mostrosauro degli abissi
22. L'amore ai tempi del T-Rex
23. Timidosauri in cerca di casa

I COSMOTOPI
1. Minaccia dal pianeta Blurgo
2. Un'aliena per il capitano Stiltonix
3. L'invasione dei dispettosi Ponf Ponf
4. Sfida galattica all'ultimo gol
5. Il pianeta dei cosmosauri ribelli
6. Il mistero del pianeta sommerso
7. La magica Notte delle Stelle Danzanti
8. Pericolo spazzatura spaziale!
9. Stiltonix contro il mostro Slurp
10. Sfida stellare all'ultimo baffo
11. E poi ti mordicchio la coda, Stiltonix!
12. Una turbogara da record

I SUPERTOPI
1. Fermi tutti, superscamorze in arrivo!
2. La carica dei robottini puzzoni
3. Missione speciale... diluvio universale!
4. Il superattacco delle margherite zannute
5. Due supertopi contro il ladro invisibile
6. Polpette di supertopo per il T-Rex
7. SuperGer e la supermacchina del tempo
8. Superallarme, Supertopo in fuga!
9. S.O.S Superinsetti all'assalto
10 La lunga notte dei Supertopi
11 Mini-Topi contro Maxi-Pantegane

IN VACANZA NEL TEMPO
1. Crociera sul Nilo
2. Appuntamento col mammut

I TOPINGHI
1. Sei ciccia per draghi!
2. Scattare scattareee... Geronimord!
3. Toglilo tu, il dente al dragante!
4. La rivincita delle topinghe
5. Nella terra degli Uffa Uffa
6 Chi ha rubato l'elmo topingo?
7 Il ritorno del Drago Blu
8 La corona dei Draganti
9 La fiera delle invenzioni

BARZELLETTE
1000 Barzellette vincenti
1000 Barzellette irresistibili
1000 Barzellette stratopiche
Il Barzellettone
Le più belle barzellette del mondo
Le più belle barzellette in vacanza
Le più belle barzellette sugli animali
Le più belle barzellette da brivido
Le più belle barzellette dalla A alla Z
Le più belle barzellette per ogni stagione

Barzellette Super-Top Compilation 1
Barzellette Super-Top Compilation 2
Barzellette Super-Top Compilation 3
Barzellette Super-Top Compilation 4
Barzellette Super-Top Compilation 5
Barzellette Super-Top Compilation 6

# CARI AMICI RODITORI, ARRIVEDERCI AL PROSSIMO LIBRO DI BARZELLETTE!

## Geronimo Stilton